JN261872

改訂新版

現代社会経済学

Political Economy

北村洋基 著
Hiromoto Kitamura

桜井書店

はじめに

　近年，高度に発達した資本主義諸国では，グローバル化の進展ともあいまって貧困や格差，社会的排除などが再び問題となり，金融危機と世界大不況，さらに地球温暖化などの環境問題まで資本主義の矛盾が噴出するとともに，その体制自体が大きく揺らいでいる。日本でも長期にわたる「平成大不況」からようやく脱出したにもかかわらず，格差と貧困，また非正規雇用の増大，失業・雇用不安等が深刻化し，長く忘れられていた小林多喜二『蟹工船』（1929年）がブームになるとともに，2008年から本格化した世界同時大不況によって，「資本主義の全般的危機」とか，「世界恐慌」という用語さえ再び使われるようになった。そして今日，資本主義とはそもそも何か，どのようなシステムであるのか，どのような限界をもっているのか等についての根本的な問いかけが，あらためてなされている。

　また，2011年3月11日に発生した東日本大震災と東京電力福島第一原子力発電所の事故は，日本経済に深刻な打撃を与えた。どのような認識と立場に立って復旧・復興を進めてゆくのかについて，国民的な議論が巻き起こっている。原発については，国内にある54基の原子炉がすべて停止したが，関西電力大飯原発の再稼働を手始めに，順次再稼働を進めてゆこうとする財界・大資本を中心とする勢力に対して，再稼働を許さず，原発依存から脱却し，省電力と自然エネルギー・再生可能エネルギー中心のエネルギー構造への転換を求める広範な社会運動が展開されている。3・11以降の情勢は，まさに資本の論理と住民・市民の論理との対決が先鋭な形で現れている。ここにも資本（主義）とは何かがきびしく問われているのである。

　資本主義を総体としてとらえ，それを理論的に解明した著作としてなにより も重要なものはカール・マルクス『資本論』（第Ⅰ部1867年，第Ⅱ部1885年，第Ⅲ部1894年）である（ただし第Ⅱ部，第Ⅲ部はマルクス死後，フリードリヒ・エンゲルスが編集・出版）。『資本論』には多くの優れた翻訳がある。また『資本論』は大部の著作でしかも難解であるため，多くの概説書・解説書が出版されてい

る。しかも概説書といっても『資本論』に忠実に詳細に説明している著書から，相当にやさしく解説した入門書（マンガ本まである）にいたるまで，きわめて多岐にわたっている。『資本論』を勉強しようとするものは，自分のレベルにあったものを選んで，順次より密度の高い解説書に進み，さらには『資本論』そのものにも挑戦することができる。それに加えて『資本論』についての本格的な研究書も多数出版されている。日本は『資本論』を自ら，あるいはグループで勉強するにはきわめて良好な環境にある。

とはいえ，『資本論』はやはり19世紀の著作であり，そこで表象されているのは当時資本主義の先頭を切っていたイギリスである。もちろん『資本論』はそうしたイギリスの現状分析の書ではなく，純粋な資本主義を想定したシステムとしての資本主義の理論的解明の書である。それゆえ資本主義経済の本質を理解するうえでは『資本論』は今日なお重要な意義をもっている。ただ，『資本論』では十分には想定されていなかった資本主義の発展と変質が進み，21世紀にはいった今日の資本主義経済は，『資本論』の分析ではとらえきれない多くの課題に直面している。またその理論的枠組みや内容も，現代からすれば必ずしも適切とはいえない点も多い。

従来のいわゆるマルクス経済学は，『資本論』を自由競争が基調である資本主義経済一般の原理論ととらえたうえで，19世紀末から20世紀初頭の資本主義の構造的変化を独占資本主義としてその理論化をはかり，さらに資本主義が危機に陥ったのちの国家介入の資本主義を国家独占資本主義とかケインズ主義的修正資本主義等として理論を積み重ねながら現代資本主義に迫ろうとしてきた。もちろんそれ以外のたとえば近代経済学の手法を取り入れたり，『資本論』の諸命題を厳密に数学化してその当否を判定したり，ケインズ経済学との融合をはかって今日の主流である市場原理主義的な新古典派経済学と対抗しながら現代資本主義を解明する理論を構築する試みなどさまざまな潮流があって，マルクス経済学自体も多様化しているが，しかしそうすればするほど『資本論』そのものは後景に退いてしまうことになる。

それゆえ本書では，『資本論』の基本的な内容を説明しながらも，もしマルクスが現代に生きていたらどのように『資本論』を書くだろうかと意識しながら，現代資本主義にふさわしい原理論として『資本論』を改作し，しかもそれ

をできるだけわかりやすく，かつコンパクトに説明しようとした。『資本論』では取り扱われていない論点を理論に組み入れるとともに，『資本論』の論理では今日では適当とは思われない点については現代的視点に立って再検討し，その結果を記述した。どのような点が『資本論』と相違しているかは，「あとがき」にまとめて書いておいたので，参照していただきたい。筆者としては，『資本論』の現代化の一つの試みとして読まれることを期待している。

なお，本書の表題とのかかわりで，経済学の歴史について最低限のことを述べておきたい。経済学とは歴史的にはなによりも Political Economy（本書ではそれを「社会経済学」と表現している）であった。人類の歴史は，原始社会を除けば階級社会であり，どのような階級的利害に立つかはともかく，すなわちその時代における支配体制を擁護するのか，被支配階級の立場に立って経済社会を批判的に分析するのかという相違はあっても，経済社会の体制を総体として把握し，そして経済運営のあり方を提言するというのが Political Economy である。そうした経済学の伝統を批判的に引き継ぎながらも，独自の視点に立った資本主義分析を行った到達点がマルクスの『資本論』である。

しかし経済学にはもう一つの流れがある。それは資本主義を最高にして最終の経済体制であるということを所与あるいは自明の前提とし，限られた資源の合理的な配分による効用の最大化を課題とする Economics である。Economics の前史はいろいろあるが，とくに1870年代の「限界革命」によって本格的に登場し，その後今日まで Political Economy を排除して経済学の主流としての地位を占め続けてきた。ただし，資本主義が危機に陥ると狭く限定された経済学である Economics では対処できず，たとえばジョン・メイナード・ケインズ（『雇用・利子および貨幣の一般理論』1936年）のように Economics を基本としながらも Political な問題を理論に組み込んで，体制としての資本主義を修正しながら維持することを目指した経済学などが登場せざるをえなかった。

経済学の歴史についてはこれ以上立ち入らないが，最初に述べたように，現代資本主義の矛盾が誰の目にも明らかになると，再び Political Economy を必要とせざるをえない局面を迎えている。それはケインズ経済学の復活ではすまないことは，とくに第14章第2節で説明した。Political Economy の成果である『資本論』を現代化しながら，経済学の基礎理論を再構築することを，まさ

に現代という時代が求めているのではないだろうか。本書はそうした認識に立った一つの試みである。

　本書を2009年9月に刊行して以来，学生諸君からも含めて多くの疑問や批判，感想等をお寄せいただいた。厚くお礼を申し上げる。
　この間の世界や日本の状況の変化は著しいものがあること，また私自身も不正確な記述や説明不足を感じている点もあることから，この機会に改訂新版を出すことにした。
　ただし改訂新版といっても，章別編成や内容は基本的には変わっていない。ページ数もあまり増えない範囲にとどめた。ご意見をたまわった方々に対して，どの程度お応えできたか心許ないものがあるが，テキストとしてバランスよく，過不足なく書くという目的のもとでの現時点での一応の到達点とご理解いただきたい。本書に対してもさらに忌憚のないご批判をいただければ幸いである。

目　次

はじめに　3
本書で用いる記号一覧　15

第1章　社会発展における労働の役割 …………………………… 17
第1節　労働過程 ……………………………………………… 17
1　労働とは何か　17
2　労働手段　18
3　労働対象　20
4　労働過程と人間の発達　21
5　拡大再生産　21
6　労働の二重性　22
7　労働と労働力　22

第2節　社会発展を分析するために必要な諸概念 …………… 23
1　生産力と生産関係　23
2　生産様式　25
3　経済的土台＝経済構造と上部構造　25

第3節　社会発展の諸段階 …………………………………… 26
1　原始共同体　26
2　奴隷制　28
3　封建制　28
4　資本主義社会　29
5　未来社会　31

第2章　商品の価値と使用価値 …………………………………… 33
第1節　なぜ商品の分析から始めるのか ……………………… 33
1　出発点としての商品　33
2　単純商品と資本主義的商品　34

第2節　商品 …………………………………………………… 35
1　商品の使用価値と交換価値　35
2　商品の価値　36
3　使用価値＝有用性は測れるか　38

4　使用価値の分類　39

第3章　貨幣と商品の価格 …………………………………………… 41

第1節　商品の価値の実体と形態 ………………………………… 41
　　　1　単純な価値形態　41
　　　2　展開された価値形態　42
　　　3　一般的価値形態　43
　　　4　貨幣形態　43

第2節　貨幣形態の発展と価格 …………………………………… 44
　　　1　発展した貨幣形態　44
　　　2　現代の貨幣　46

第3節　貨幣の諸機能 ……………………………………………… 48
　　　1　価値尺度としての機能　48
　　　2　流通手段としての機能　48
　　　3　蓄蔵貨幣としての機能　49
　　　4　支払い手段としての機能　50
　　　5　世界貨幣と国際通貨　51

第4章　剰余価値の生産 ……………………………………………… 53

第1節　価値増殖過程 ……………………………………………… 53
　　　1　単なる貨幣と資本としての貨幣　53
　　　2　貨幣の資本への転化と剰余価値　54
　　　3　労働力商品の価値と使用価値　55
　　　4　価値増殖の実現　57

第2節　不変資本と可変資本，剰余価値率 ……………………… 59
　　　1　資本の形態変換　59
　　　2　不変資本と可変資本　59
　　　3　必要労働（時間）と剰余労働（時間）　60
　　　4　資本の一般的定式と価値　61
　　　5　剰余価値率　62

第3節　絶対的剰余価値の生産と相対的剰余価値の生産 ……… 62
　　　1　絶対的剰余価値の生産　62
　　　2　労働時間をめぐる闘争　63
　　　3　相対的剰余価値の生産　65
　　　4　特別剰余価値とその獲得をめぐる資本間の競争　65

第5章　資本主義的生産様式の諸段階と現段階 …………… 69

第1節　資本主義的生産様式 …………………………………… 69
1 生産と消費の矛盾　69
2 広義の生産様式と狭義の生産様式　70
3 生産様式を構成する諸要素と資本主義的生産様式　70

第2節　単純協業 ………………………………………………… 71
1 資本主義的生産の出発点　71
2 協業と資本主義的単純協業　72
3 協業の生産力　72

第3節　マニュファクチュア …………………………………… 73
1 作業場内分業　73
2 分業の生産力と資本・賃金労働関係の変化　74
3 マニュファクチュアの二つの発生形態と存在形態　75

第4節　機械制大工業――(1)軽工業段階 ……………………… 76
1 機械と労働　76
2 機械の発達方向　79
3 資本主義的生産様式としての機械制大工業　80
4 労働者階級の反撃と労働運動　82

第5節　機械制大工業――(2)重化学工業段階 ………………… 84
1 自由競争の資本主義から独占的競争の資本主義へ　84
2 軽工業段階から重化学工業段階へ　85
3 労働の内容と労働力構成の変化　87

第6節　オープンネットワーク型生産様式 ……………………… 89
1 戦後「資本主義の黄金時代」の終焉　89
2 現代の情報通信技術（ICT）の特徴　89
3 生産過程における情報化　90
4 労働者構成の変化　91
5 オープンネットワーク型生産様式　93
6 総括　94

第6章　労働力の価値と賃金 …………………………………… 95

第1節　労働力の価値の一般的規定 …………………………… 95
1 資本主義と労働力の再生産　95
2 単位当たりの労働力の価値　96

3　労働力の価値の歴史的変化　96

　第2節　賃金 …………………………………………………………………… 97
　　　1　賃金の本質規定　97
　　　2　労働力の価値と賃金の乖離の可能性と現実性　97
　　　3　賃金形態　98

　第3節　労働力の価値の歴史的・段階的変化 …………………………… 98
　　　1　軽工業段階　99
　　　2　重化学工業段階　99
　　　3　オープンネットワーク型生産様式段階　100

第7章　資本の蓄積過程と雇用・失業問題 …………………………… 101

　第1節　資本の単純再生産 ………………………………………………… 101
　　　1　資本の再生産過程　101
　　　2　資本の単純再生産過程　101

　第2節　資本の蓄積過程 …………………………………………………… 103
　　　1　資本の拡大再生産過程　103
　　　2　資本の集積と集中　105

　第3節　資本の有機的構成と高度化 ……………………………………… 106
　　　1　資本蓄積が労働者階級に与える影響　106
　　　2　資本の構成　106
　　　3　資本の有機的構成の高度化とその意義　107

　第4節　相対的過剰人口と雇用・失業問題 ……………………………… 109
　　　1　労働力の需要と供給　109
　　　2　相対的過剰人口　111
　　　3　相対的過剰人口の存在形態　113
　　　4　資本の蓄積と貧困の蓄積　115

第8章　資本の循環と回転 ………………………………………………… 117

　第1節　資本の循環 ………………………………………………………… 117
　　　1　資本の循環とは　117
　　　2　貨幣資本の循環（G……G″）　118
　　　3　生産資本の循環（P……P）　119
　　　4　商品資本の循環（W″……W″）　119
　　　5　個別資本の循環と社会的総資本　120

第 2 節　流通時間と流通費用 …………………………………………… 121
　　　1　流通時間　121
　　　2　流通費用　122
　　　3　流通諸産業の自立化　122
　　第 3 節　資本の回転 ………………………………………………………… 123
　　　1　なぜ資本の回転を問題とするのか　123
　　　2　資本の回転数　123
　　　3　固定資本と流動資本　124
　　　4　資本の回転数の計算　125
　　　5　年剰余価値率と年剰余価値量　125

第 9 章　社会的総資本の再生産と流通 …………………………………… 127
　　第 1 節　社会的総資本の分析 ……………………………………………… 127
　　　1　社会的総資本の分析の必要性　127
　　　2　商品資本の循環を土台とする必要性　127
　　第 2 節　単純再生産とその表式 …………………………………………… 128
　　　1　社会的総資本の単純再生産　128
　　　2　単純再生産の表式　128
　　　3　貨幣流通による媒介　131
　　　4　固定資本の再生産と流通　132
　　　5　不均衡と均衡　133
　　第 3 節　拡大再生産とその表式 …………………………………………… 133
　　　1　社会的総資本の拡大再生産　133
　　　2　拡大再生産の表式　134
　　　3　拡大再生産表式の数値例　135
　　　4　拡大再生産における貨幣還流の法則と固定資本の問題　138
　　　5　数値例の解答　139
　　第 4 節　再生産表式の意義と限度 ………………………………………… 140
　　　1　再生産表式の意義　140
　　　2　拡大再生産の数値例の特徴と限界　140
　　　3　再生産表式の具体化と多部門分割・分析　142

第 10 章　利潤と利潤率，競争と利潤率の均等化 ……………………… 145
　　第 1 節　費用価格と利潤 …………………………………………………… 145
　　　1　剰余価値と利潤　145

2　費用価格　145
　第2節　利潤率 …………………………………………………… 146
　　　1　剰余価値率と利潤率　146
　　　2　利潤率と固定資本投資　146
　　　3　年利潤率と規定要因　148
　第3節　生産部門内の競争と市場価値 ……………………………… 149
　　　1　部門内競争　149
　　　2　市場価値・市場価格成立のメカニズム　149
　第4節　生産部門間の競争と平均利潤率の形成，生産価格 ………… 150
　　　1　部門間利潤率の相違　150
　　　2　部門間資本移動　150
　　　3　資本の部門間移動による利潤率の均等化　151
　　　4　利潤率の均等化による平均利潤率の形成と生産価格　151
　　　5　生産価格と価値法則との関係　153
　　　6　独占資本主義への移行と利潤率均等化の変質　153
　第5節　利潤率の傾向的低下法則について ………………………… 154
　　　1　利潤率の低下傾向と経済学者たちの説明　154
　　　2　資本構成高度化による利潤率低下論とそれに対する批判　155
　　　3　資本構成高度化による利潤率の傾向的低下についての
　　　　　より進んだ説明　155
　　　4　利潤率の傾向的低下論の意義と限度　157

第11章　商品流通と商業資本 …………………………………… 159
　第1節　流通産業・流通資本の自立化 ……………………………… 159
　　　1　商業資本と産業資本との歴史的関係　159
　　　2　商業資本の存在理由　159
　　　3　運輸（＝輸送）業の発達と存在理由　160
　第2節　流通費用と商品の価値・価格 ……………………………… 160
　　　1　流通費用と商品の価値　160
　　　2　商業資本と利潤　163
　　　3　流通過程と価値法則　164
　第3節　商業資本の自立と再生産過程との関連 …………………… 165
　　　1　商業資本と産業資本との相互依存関係　165
　　　2　過剰生産と恐慌の可能性の拡大　165

第12章　サービス産業とサービス資本 …………………………………… 167

第1節　現代のサービス産業 …………………………………………… 167
1　サービス業とは何か　167
2　経済のサービス化とサービス資本　170
3　資本主義的サービス業と非資本主義的サービス業　171

第2節　サービスの商品化とサービスの対象 ………………………… 172
1　サービスの商品化　172
2　対人サービス業　172
3　対事業所サービス業　173
4　公共サービス業　174

第3節　サービス資本と利潤 …………………………………………… 174
1　サービス産業の機械化と情報化　174
2　サービス資本と価値・剰余価値　175
3　サービス資本と賃金・利潤　175

第13章　信用制度と金融資本 …………………………………………… 177

第1節　商業信用と銀行信用 …………………………………………… 177
1　商業信用　177
2　銀行信用　177

第2節　金融資本と架空資本 …………………………………………… 178
1　中央銀行と銀行制度の発達　178
2　証券と証券会社　179
3　その他の金融資本　181
4　架空資本（擬制資本）　181

第3節　金融資本の自立と自己運動 …………………………………… 183
1　金融資本と利潤　183
2　金融資本の機能資本からの相対的自立　183
3　世界恐慌と金融規制　183

第4節　戦後金融制度の変遷と現段階 ………………………………… 184
1　金融規制と金融資本　184
2　金融の規制緩和・自由化と金融ビッグバン　185
3　金融資本の暴走と現段階　188

第14章　恐慌と景気循環 …………………………………………… 191

　第1節　現代の景気循環についての基礎理論 ……………………… 191

　　1　景気循環の一般理論　191
　　2　景気循環における信用の問題　193
　　3　恐慌・大不況からの脱出　194

　第2節　現代日本の恐慌と景気循環──「平成大不況」とその後 …… 197

　　1　「平成大不況」第1局面（1990年代初頭〜1997年春）　197
　　2　「平成大不況」第2局面（1997年春〜2000年末）　199
　　3　「平成大不況」第3局面（2001年〜2005年春）　202
　　4　「平成大不況」終焉後の新たな景気循環と
　　　　恐慌＝第二次「平成大不況」　205
　　5　恐慌と景気循環からみた課題と展望　207

　あとがき　209

　索引　213

本書で用いる記号一覧

A	:	労働力	n	:	回転数
Ar	:	労働者	N	:	付加労働量
c	:	不変資本	n′	:	旧価値に対する新価値の割合
G	:	貨幣	P	:	生産過程，生産資本
G″	:	（価値増殖した）貨幣	Pm	:	生産手段
g	:	剰余価値	p	:	利潤
K	:	資本家	p′	:	利潤率
k	:	費用価格（＝コスト）	S	:	仕入費用
k′	:	資本の有機的構成	v	:	可変資本
m	:	剰余価値	W	:	商品
m′	:	剰余価値率	W″	:	（価値増殖した）商品
m″	:	特別剰余価値	Z	:	流通費用

第1章 社会発展における労働の役割

第1節 労働過程

1 労働とは何か

　人類は過去も現在も社会を形成しながら存続してきたし，これからも存続してゆくであろう。

　人間社会と他の動物集団とはどこが違うのであろうか。それは人間社会の基礎には労働による生産があり，そして生産物を獲得することによって人間社会の形成と存続が実現してきたことである。それでは労働とはなんであろうか。他の生物も本能的にではあれ自然に働きかけて生命・生活を維持する活動を続けている。それと人間とはどこが違うのであろうか。

　労働にはきわめて多様な種類や形態があるが，もっとも基本となる労働は，自然に働きかけ，自然物を人間にとっての有用物につくりかえる活動である。衣・食・住が満たされなければ人類の存続が不可能であることはいつの時代も変わらない。それゆえ労働はまず生命維持に不可欠な活動であり，欲望を充足させる手段である。そのかぎりでは労働は手段であって自己目的ではない。しかしそれは人間以外の生物も行っていることであって，それを労働というかどうかは別として，決して人間の活動を特徴づけるものではない。

　人間の労働を生物一般の生命維持活動と区別するものは，労働によって人間自身の肉体的・精神的発達を実現してきたことである。それではなぜ人間の労働は人間の発達を可能にしたのであろうか。

　なにょりも第1にあげなければならないことは，人間は生活に必要な物資を自然から獲得するために道具（一般的にいえば労働手段）を製作し，使用することである。人間が労働手段を製作・使用して生産物を獲得すること，そのことが人間を他の生物の生命維持活動から区別しているのである。その場合，人間が労働手段を使って働きかける対象を労働対象という。そしてこのようにし

て生産物をつくる過程を労働過程という。

これを図示すれば第1図のようになる。

第1図　労働過程

> 労働過程＝労働→労働手段→労働対象⇒生産物
> 　　　　→働きかけ　⇒成果

たとえば集団で狩りをする場合，獲物を素手で追いかけるよりも，槍や棍棒等をつくり，それを使って狩をするほうが，より多くの獲物を獲得できることを発見・認識し，実践するまでに発達したことが，類人猿から人間へと進化させたのである。これを図示すればたとえば第2図のようになる。

第2図　道具の製作・使用による労働生産性の向上

> 素手での狩猟＜道具の製作労働＋道具使用による狩猟労働
> （＝10時間）　　（＝5時間）　　　（＝5時間）

一定の労働時間の投入によってより多くの生産物が得られるようになること，それが労働による生産力の上昇すなわち労働生産性の向上である。それを生産物の側からみれば，より少ない労働でこれまでと同じ生産物を得ることができることであり，それだけ労働が節約されたということである。すなわち，労働生産性の向上と労働の節約とは同じことである。

2　労働手段

労働手段について，もう少し立ち入って検討しよう。

人類の歴史のとくに初期の段階について，旧石器時代，新石器時代，青銅器時代，鉄器時代という区分がなされることがあるが，それは道具がどのような素材によってつくられていたのかについての区分である。旧石器とは打製石器のことであり，石を打ち砕いてそれを刃物等として使った初歩的な石器である。とはいえ旧石器時代は人類の歴史においてもっとも長い期間であった。新石器とは磨製石器のことであり，打製石器を他の固形物とこすり合わせて尖らせた

りして切れ味をよくした石器である。それ以外のさらに進んだ素材については省略するが，いずれにしてもこうした道具は固形物である。固形物は1回使えば終わりというものではなく，何回でも繰り返し使えることである。弓矢や棍棒等の木材や動物の骨を使った労働手段も同様である。しかもそれが継承されるうちにさらに改良が加えられ，そして新たな道具が開発されるようになる。労働手段はこのようにして累積的に発達しまた多様化した。そしてそれに応じて生産力が発達した。

それを図示すると，**第3図**のようになる。

第3図　労働手段の生産

労働→労働手段→労働対象⇒生産物＝労働手段
　　　　　↑　　　　　　　　　　　　　｜
　　　　　└──────────────────┘

労働手段は道具という枠のなかでの発達から，やがては機械へと発達するのであるが，道具と機械の相違や，さらに機械という枠を超えたといえるまでにいたった労働手段の発達についてはのちに具体的に検討するが，労働手段について次のことを補足しておきたい。

労働手段は大きく直接的労働手段と間接的労働手段に分けられる。直接的労働手段とは，労働過程において，労働手段が労働対象に対して物理的に，あるいは力学的に直接に働きかけてそれを加工，変形する労働手段であり，道具や機械の多くはそのなかに含まれる。

間接的労働手段とは，労働対象の入れ物，容器のことである。たとえば耕作された土地は労働対象である種子や苗を栽培する際の容器としての役割を果たしている。また漁業では，人間がつくりだしたとはいえない海や川が，そのままで労働対象である魚の容器としての役割を果たしている。狩りをする際の獲物が生息している土地は，同様に労働対象の容器である。整地された土地とその上に建てられた工場建物は，それ自体は直接なにかを生産するわけではないが，どちらも生産にとって必要な間接的労働手段である。

さらに現代では，鉄鋼業における高炉や転炉，石油精製や石油化学工業における巨大なタンクは，熱や圧力が加えられて原材料がそのなかで化学反応を起

こし，生産物が生産される。ビールや酒，ワインなどを醸造する際の容器は，温度・湿度等を一定に保つことによってじっくりと醸成される。ただしここまでくるとそれらは単なる容器ではなく，機械類と組み合わされており，装置と呼ばれるのが通常である。装置は間接的労働手段というよりも，直接的労働手段と間接的労働手段とが融合した労働手段である。

3　労働対象

　労働対象は人間が労働手段を使って働きかける対象のことであるが，たとえば狩りをする際の獲物，漁業における魚のような自然物がそれである。しかし多くの場合，労働対象は程度の差はあれ人間によって手を加えられてはじめて労働対象となる。たとえばわれわれが日曜大工で木製家具をつくる場合，労働対象である板を買ってきて金鎚やのこぎりで板を切って組み立てる。その際，板を自分でつくるとなると，山にはいって木を切り倒してさらに板にするということはまず無理である。それゆえ労働対象の多くはすでに労働の生産物である。栽培された米や小麦，野菜，養殖された魚なども同様に人間の労働によって育成された生産物であり，それらを労働手段を使って刈り取ったり煮たり焼いたりしてようやく食料となる。労働の生産物である労働対象をさらに加工・変形して目的の生産物をつくるというのが通常の労働過程である。それを図示すると**第4図**のようになる。

第4図　労働対象の生産

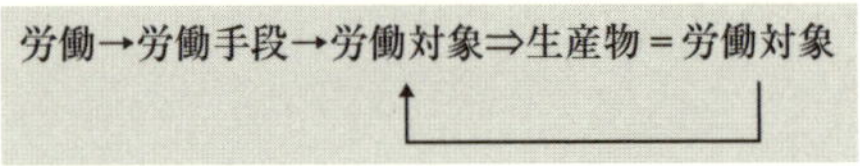

労働→労働手段→労働対象⇒生産物＝労働対象

　原料や材料，あわせて原材料といわれるものは，すでに人間の手が加えられて加工・変形された労働対象である。また生産に必要なエネルギーも労働対象にはいる。ただし，照明用の電灯などは間接的労働手段である。

　未開の土地を開墾する場合，その土地は労働対象であるが，開墾されてしまえば，さきに述べたようにその土地は間接的労働手段となる。

　なお，労働手段と労働対象をあわせて生産手段ということがある。また労働

過程は同時に生産物の生産過程でもあるので，労働過程を生産過程ということがある。生産手段や生産過程という用語はこのあと頻繁に登場するので，覚えておいてもらいたい。

4　労働過程と人間の発達

　人間は，労働手段の製作や改良，新たな労働手段の開発，そしてまた労働対象についても新たな素材を労働対象として使えるように絶えず努力してきた。つまり人間の労働は目的意識をもった計画的な活動である。そして労働を繰り返すなかで自然に対する認識を深め，それを法則や科学にまで高めてきた。

　また，人間はその当初からつねに社会の一員であり，その社会の単位は歴史的に変化するが，その単位のなかで人間はしだいにコミュニケーションの手段を発達させてきた。当初は身ぶり手ぶりや奇声を発する程度であったが，やがて言語にまで発達した。そして個人の経験が言語によって社会集団に伝えられることが可能になった。そして文字が発明され，経験がさらに普遍化されて記録され，科学や法則として人間の知識や知恵がいっそう高まってゆくのである。

　言語・コミュニケーション手段の発達は，印刷術の発明と新聞や書籍などの出版物，ラジオやテレビなどのマスメディア，電話などのパーソナルメディアなど，労働手段とは相対的に独自に発達し，普及してきたが，現代の情報通信技術（ICT）は，労働手段とコミュニケーション手段とを融合させるまでに達したところに，その最大の意義を見出すことができるだろう（第5章第6節2「現代の情報通信技術（ICT）の特徴」参照）。

5　拡大再生産

　以上の労働過程の反復のなかで，人間による生産力はしだいに上昇する。同一規模での生産の繰り返しを単純再生産というが，単純再生産は動物社会の本能的な生命維持活動である（ただし環境の変化によって繁殖したり進化したり絶滅したりすることはあるが）。それに対して人間社会における再生産は長期的にみれば拡大再生産である。拡大再生産の継続は社会における剰余をしだいに蓄積させる。たとえば自然災害による食料の不足も，一定の剰余があればなんとか耐えられるようになる。

さらに剰余の蓄積による社会生活の安定は，生活時間のほとんどすべてを労働に費やす必要はもはやなくなり，自由時間が拡大する。そして文化や芸術など，生活を楽しむ余裕も生まれてくる。こうして人間の総体としての発達が保障されてゆくのである。

6 労働の二重性

今日では労働といってもいろいろな分野があるが，当面は人間社会の存続・発達にとって必要な生活物資（＝生活手段，消費財）の生産，それからその生産に必要な労働手段や労働対象（＝あわせて生産手段，生産財）の生産を念頭において検討する。

労働には二つの側面がある。一つは，なんらかの具体的なものの生産に従事するという側面である。人間労働はなんらかの目的意識をもち，それを実現するための活動であるから，まったく無目的の労働というものはない。そして生産物は人間にとっての有用物であるから，なんらかの有用物をつくるという労働の側面を具体的有用労働という。

もう一つの側面は，労働の具体的な側面を捨象（＝抽象）すると，そこにはどれだけの労働が投じられたかという量的な側面だけが残る。さきに述べたように，より少ない労働でより多くの生産物が生産できるという労働生産性の向上は，労働の量的側面に注目したものである。たとえば時給1000円のアルバイトがいくつかあって，それぞれ具体的有用労働としては違いがあるが，時給1000円という側面では共通している。どのような種類の労働を選ぼうが，8時間働けば8000円の賃金が得られる。どのような生産物をつくろうが，あるいはどのような作業を行おうが，なにがしかの労働時間・労働量が投入されなければ生産物はできない。労働のこの側面を抽象的人間労働という。

労働が以上のように質的側面と量的側面とを合わせもっていること，これを労働の二重性あるいは二面性という。

7 労働と労働力

これまで労働ということについていくつかの側面から検討したが，さらに立ち入って労働ということを考えてみると，それは人間がもっている労働力とい

う力を実際に発揮することである。通常ある程度の年齢に達した人間は程度の差はあれ労働力をもっている。ただしそれを使うかどうかは別である。たとえば学生は労働力をもっているが普段はそれを使わない。しかし生活が苦しいとか授業料が払えないとか，旅行に行きたいがそのお金がないという場合はアルバイトとして労働力を使い，賃金を得る。このように労働力という人間がもっている肉体的・精神的能力と，その発揮・使用としての労働とははっきりと区別されなければならない。

　総務省統計局が毎月調査し発表している『労働力調査』は，就業者数やその労働時間，就業形態，そして完全失業者数やその率，求職状況等を調べたものである。就業者は労働力をもっており，実際にそれを活用して賃金等の収入を得ている人，失業者は労働力をもっていてそれを使おうと努力しているにもかかわらず，その機会を得られない人のことである。なお，『労働力調査』では完全失業者について，①仕事がなくて調査週間中に少しも仕事をしなかった，②仕事があればすぐ就くことができる，③調査週間中に仕事を探す活動や事業を始める準備をしていた，という三つの条件を満たす者という具体的な定義をしている。週に1時間でも働けば，また1週間求職活動を休んでいれば完全失業者にはカウントされないというかなり厳しい定義であるが，ともあれ労働力と労働との区別は，こうした問題を理解し検討するうえでも重要である。

第2節　社会発展を分析するために必要な諸概念

1　生産力と生産関係

　生産力をもっとも端的にいえば，人間による自然制御能力である。すなわち，自然に働きかけ，そこから人間にとって有用物をつくりだす人間の能力である。しかし，人間は社会を組織し，その力で自然を変革するのであるから，社会の制御能力をも向上させなければならない。それゆえ生産力は，人間による自然制御能力および社会制御能力の総体である。

　そのうえで生産力の発達は，二つの側面からみなければならない。

　一つは，より少ない労働でより多くの生産物を人間が獲得できるようになることである。それは労働生産性の向上として表れる。これは生産力の量的な側

面である。

　もう一つは，とりわけ生産手段の開発によって人間がこれまで不可能であったことを可能にしてきたということである。たとえば人間は大昔から空を自由に飛び回りたいと夢想し，さまざまな努力を積み重ねてきたが，それが可能になったのは19世紀末に内燃機関（＝エンジン）が発明され実用化されたからである。もちろん技術的基礎ができたからすぐに飛行機が実用化されたわけではなく，それに加えて人間の知識と知恵，そして試行錯誤が必要であり，実現はその結果であるが，しかし，技術的基礎なしには飛行機はつくれない。また，技術自体，人間の法則的認識と努力の産物である。これは生産力の質的な側面である。

　労働の生産力は生産手段の開発・実用化を通じて量と質の両面において発展してきたといえる。そしてそれぞれの時代における生産力は，一般的にはその時代における社会的人間の知識と努力の到達点であるということができる。

　次に生産関係について説明する。

　人間はひとりでは生きられないから，つねになんらかの社会を形成し，その一員となる。社会における人間関係は経済関係だけで成り立っているわけではないが，労働と生産に焦点を当てて，社会関係をまず生産関係として考察する。生産関係とは集団的社会生活において，労働と生産に関して取り結ばれる人々の社会的関係のことである。

　生産関係は大きく二つの側面からみることができる。一つは生産・労働における人々の役割分担の関係である。人々はまったく同じことをするわけではない。その人の性や年齢，得意・不得意等に合わせて，生産力がもっとも高くなるように役割を分担し合う。こうした関係は分業関係である。

　分業とは労働の分割（＝division of labor）のことであり，どのように労働が分割され，また誰がその労働部分を担うのかによって，分業は多様な形態をとって現れる。自然発生的分業，社会的分業，作業場内分業など，分業の具体的な形態については，後に必要に応じて述べることにする。

　もう一つの側面は生産手段の所有関係である。基本的な生産手段が社会構成員全体の共有関係にあるか，特定個人や集団の排他的独占のもとにあって社会成員の別の集団はその所有関係から排除されているか，ということが人類の歴

史を大きく区分する。生産手段の所有関係はまた経済的階級関係でもある。生産手段の所有者が社会の支配者＝支配階級であり，その関係の変化が社会を段階的に区分する基礎である。

　社会における生産力の発展水準は，それに見合った生産関係を形成する。その生産関係はさきに述べた分業関係と所有関係の両側面がある。しかし生産力がさらに発展すると従来の生産関係とはしだいに適合しなくなる。生産力と生産関係は相互に照応しあうが，生産関係とりわけ所有関係はいったん確立されるとそこで固定される傾向にあるために，生産力の発達はしだいにこれまでの生産関係と適合しなくなり，ある時点で強力に，あるいは漸次的に生産関係が変革されてゆく。社会発展の諸段階の基礎にはとくに所有関係としての生産関係の変革が土台にある。

　なお，ある社会においては，実際には多様な生産関係が並存している。たとえば現代の日本経済は，体制としては資本主義であることは間違いないが，そのなかにはたとえば自ら生産手段を所有し自ら労働する自営業的な生産関係もかなり大量に存在している。そのなかで何が支配的な生産関係であるかによって，その時代が特徴づけられるのである。

2　生産様式

　生産様式とは生産の仕方すなわち生産諸要素の結合の仕方・様式のことである。たとえば資本主義という社会体制・生産関係において，生産の際の労働手段が道具であるのか機械であるのか，容器であるのか装置であるのか，等の労働手段の発展程度，労働者に求められる技能や熟練の程度やその編成の仕方などによって生産様式は相違しまた発展する。資本主義的生産様式の諸段階と現段階の到達点については，第５章で説明する。

　現実の社会においては，一つの生産様式だけが存在するということはなく，多様な生産様式が存在し並存しているのが実際である。

3　経済的土台＝経済構造と上部構造

　社会を一つの構成体と考えると，社会の基礎＝土台にあるのが経済構造である。経済構造とは生産力の一定の発展段階に照応する生産諸関係（＝分業関係，

所有関係）あるいは経済体制の総体であり，その際どのような生産関係が主導しまた中心に位置するかによって基本的な経済構造が特徴づけられる。現代の日本では独占資本が支配しており，そこでは独占的な資本主義的生産関係が製造分野だけではなく流通やサービスを含めて支配的であるが，それでも非独占の中小企業や非資本主義的な自営業も大量に存在している。また，非営利の各種協同組合等も経済活動を展開している。

一方，上部構造は，その経済的土台に照応して形成されている法的・政治的権力体制である。そして土台と上部構造とは相互規定・浸透関係にある。とはいえ今日では上部構造の土台に対する諸介入が恒常化するとともに，経済的にも上部構造が政府部門等として浸透し，量的にも大きな比重を占めるにいたっている。日本ではGDPに占める政府部門の支出割合は約22％である。西ヨーロッパ諸国ではもっと高く，50％前後も占めている諸国さえある。しかも質的にも，国家権力が経済構造を改変できるだけの力量と手段をもっており，土台と上部構造とは明確には区別できなくなっている。上部構造は権力機構であるとともに，今日では経済主体でもある。それゆえ，現代資本主義の実証的分析においてはもちろんであるが，経済学の基礎理論においても国家や制度を棚上げせず，その経済的力能を理論に組み込むことが必要である。

第3節　社会発展の諸段階

これまでの社会発展の諸段階を，生産力と生産関係，土台と上部構造といった諸概念を利用して段階区分しよう。ここでの検討はきわめて典型的・モデル的なものであって，世界史ははるかに複雑である。しかし単純化したモデルも一つの参照基準となりうる。

1　原始共同体

人類が最初に形成した社会体制は原始共同体である。その所有関係としての生産関係が社会を規定する基本的生産手段はなによりもまず土地（海，川，湖等の場合もあるが例外的なので省略）であった。そして土地が社会の成員によって基本的に共有され，そこで生産と労働が行われる社会が原始共同体社会

である。基本的な産業は狩猟あるいは採取であり，簡単な道具で木の実や動物の狩り，あるいは魚を獲る等，自然条件によって共同体は異なった生産物を獲得した。そしてそれらは協働の生産物として，共同体内部で配分された。

　共同体内では，その構成員の性や年齢，得手不得手の相違などから，ある人々は直接的な狩猟や採取に，ある人々は道具の生産に，またある人々は調理や育児などに主として携わるといった分業が自然に発生した。自然発生的分業は，共同体内部の仕事の分担であって，支配従属関係とは別である。

　なお，共同体内部における基本的生産手段である土地は共有であるが，他の共同体との関係においては排他的所有＝独占であり，いわば縄張りであった。共同体においてはその自然的・地理的条件から得られる生産物の種類は限られているために，他の共同体との間で生産物の交換が行われた。そうして交換されるものは余ったものが中心であるのでまだ商品とはいえないが，商品の原始的な出発点である。

　生産力の発達は，やがて採取・狩猟という原始的な産業から農業を発生させた。当初は土地を耕作して栽培し，しだいに土地がやせて収穫が落ちてくると他の土地に移るという移動農業（焼畑農業がその典型）であったが，やがて肥料を投与するなどして収穫を増やすことを学んで定着農業へと発展していった。農業の登場・発達は生産力を新たな段階に引き上げるとともに，剰余も大きくなった。その結果，共同的な農業労働から，大家族を単位とする土地の分割による農業へとしだいに移行した。そのほうが生産力のいっそうの上昇が見込まれるからである。しかし土地の分割は自然条件のよい土地と悪い土地との不平等が生じるために，定期的に土地の割り替えを行って不平等が生じないようにするという慣習が長く続いたところもある。

　それでもやがては土地の私有化は共同体をしだいに崩壊させていった。生産力の発達に対応する新たな生産関係の形成と，それを基礎とする社会への変化が生じたのである。

　なお，地域によっては牧畜業が基本的産業として発達したところもある。従来のように獲物を追いかけて移動するという狩猟から，繁殖させることによってより多くの剰余を獲得できるようになった。そのことが共同体を解体させ，私有化が進むことになったのは農業と同様である。

2 奴隷制

　奴隷制社会は，理論的には二つの方向から発生した。一つは，共同体の解体と農業の登場・発達により，共同体の基礎単位が大家族に分解し，やがてさまざまな条件によって大家族相互間に貧富の格差が生じたこと，そして飢饉等によって生活を維持できなくなった家族は，土地その他の基本的生産手段と自らを提供して裕福な家族に養ってもらわざるをえなくなったことである。いわゆる債務奴隷の発生である。

　もう一つは，農業（あるいは牧畜業）が中心産業になることによって土地のもつ意味が決定的に大きくなり，外部の土地を侵略し，その土地とそこで暮らす人々を奴隷として働かせ，それによってより多くの剰余を獲得するという道筋による奴隷制の発生である。

　奴隷制という最初の階級社会は，地域によってさまざまな具体的形態をとって形成・成立した。また奴隷といってもその待遇・扱いには大きな差があるが，どこでも共通していることは，奴隷制とともに権力機構としての国家が成立したことである。当初は各地域に散在する地域国家として登場したが，やがて有力な国家が周辺の国家を侵略・吸収してゆき，大規模な帝国にまで発展していった。

　なお，奴隷制の時代は農業や漁業，牧畜業といった第一次産業だけではなく，商品生産が始まり，手工業や流通業（＝商業や貿易）が起こり，しだいに発展していった時期でもある。

3 封建制

　とはいえ奴隷制には限界がある。まず奴隷には創意工夫をして生産力を引き上げようとする誘因はそもそもなく，できるだけ体力を温存して生きながらえることが課題である。また奴隷制国家は対外進出・侵略を繰り返し，広大な帝国が世界各地で形成されたが，そのための軍事・治安活動に莫大な人員や費用がかかり，しだいに剰余が逓減していった。費用対効果の比率が悪化すれば，体制維持が困難となる。また奴隷の反乱という階級闘争も頻発する。それらが奴隷制を崩壊させ，新たな体制に移行させた。

　封建制は，農業に限ってその特徴をみると，農民家族に一定の土地を分与地

として与え，耕作させるとともに農民から剰余を領主が獲得するという体制である。実際には国・地域によって封建制のシステムは多様であり，また歴史的にも変化しているが，ここでは農民が領主に支払う地代（＝封建地代）の形態変化を，市場経済＝商品経済の発展とのかかわりでみておきたい。

　まず，領主直営地（＝荘園）でたとえば週に3日働き，それ以外の日は分与地で労働するという形態である。直営地での収穫はそのまま領主のものになるが，分与地での収穫は基本的に農民のものとなる。荘園制ではこうした労働地代が主流であった。ただ，農民としてはできるだけ直営地での労働は手を抜き，自らの分与地での生産に力を注ぐという行動形態をとりがちである。

　次に，分与地を拡大し，農民に対して収穫の一定割合を地代として取り立てるというシステムである。それが生産物地代である。たとえば徳川時代（江戸時代）における「五公五民」などは，収穫の半分を領主に納めるというものである。農民たちは働いて収穫が増えれば増えるほど収入が増える（納める地代もそれだけ増えるが）ために，生産力の向上には労働地代よりも適したシステムである。

　さらに商品経済が発達すると，領主は収穫物よりも現金を求めるようになり，他方，農民たちもより現金収入が多い商品作物を選んで耕作する。そこで地代は貨幣地代へと変化する。貨幣地代にまで達すると，農民のなかには富を蓄積し，領主から土地を買い取るものも現れてくる。独立自営農民の登場である。さらには土地を買い増して自ら地主になるものも現れる。こうして封建制の基礎がしだいに崩れてゆくのである。

　以上のように封建制のもとでの地代という点からみると，労働地代，生産物地代，貨幣地代という3段階があり，それぞれ生産力発展と商品経済の浸透度合いを表現している。

　もちろん以上で述べたことは封建制の全体像を示したものではないし，実際には国や地域によってきわめて多様である。地代形態に関してもどこでも歴史的にこの順序で変化していったわけではない。あくまでも論理的な説明である。

4　資本主義社会

　資本主義経済は，封建制のなかで登場ししだいに発展するのであるが，それ

は封建制と矛盾し対立する。封建制は農民を土地に縛りつけ，またそれ以外の職業についても選択の自由は原則的にはない身分制社会であった。それに対して資本主義は商品生産と流通・販売の自由，そして労働力確保の自由がなければ発展できない。その対立を国家権力によって抑え込むために，権力が集中された絶対主義が形成される。資本主義を推し進めようとする勢力は，この絶対主義体制を力で解体し，その権力を手にする（＝ブルジョア革命）。そしてその権力を使って封建体制を一掃し，資本主義化を推進する。そして社会全体が資本主義社会に移行する。これが資本主義社会成立のきわめてモデル化されたパターンである。

　これをこれまで使用してきた概念を使って整理しなおすと，資本主義の成立・確立過程は資本主義経済とそれを担う階級・階層が登場し，それがしだいに力をつけてゆく過程である。経済的土台＝経済構造は生産関係の総体であるが，封建的生産関係と資本主義的生産関係とのせめぎあいの構造となり，そこに絶対主義が上部構造として成立するが，ついにはブルジョア階級が政治革命によって権力を掌握する。なお，ブルジョア階級（＝ブルジョアジー）とは，資本家階級だけではなく，独立自営の商工業者や農民，一定の技能をもった職人など，絶対主義的権力関係から排除された市民の総称であった。それゆえブルジョア革命は市民革命とも呼ばれたのである。ただしここでいう市民には，無産者や貧困者は含まれておらず，今日的な用語でいえば中産階級というほうが近いだろう。そして市民革命が成功すると，ブルジョアジーのなかでも資本家階級がその権力の中枢に位置するようになるのが常態である。ともあれここで上部構造が変革される。そしてその権力を行使しながら経済的土台＝経済構造を資本主義的なものに変革してゆく。なお経済構造が本格的に資本主義的な構造に変革されるためには，経済における革命すなわち産業革命を経なければならない。

　なお，以上のようにブルジョアジーが絶対主義権力を打倒して資本主義への道を歩むことを下からの道（あるいは革命的な道），絶対主義権力自体がその権力を使って資本主義化を推し進めることを上からの道として区別することもある。後者の場合は封建制と妥協しながらの資本主義化であるために，ながく封建的諸関係が残存することになる。

資本主義社会はこれから本書全体で分析するので，基本的な特徴だけを述べておく。
　第1に，それは高度に発達した商品経済の社会だということである。商品経済すなわち商品の生産と流通は資本主義以前から存在していたが，ほとんどあらゆる生産物が商品となり，市場で取引されるという商品経済が全面化するのが資本主義経済の特徴である。
　第2に，労働力までが商品となった社会である。賃金をもらうために雇われて働く人々を賃金労働者というが，賃金労働者は資本家に労働力を売ってその見返りに賃金を受けとり，それで生計を立てている階級である。逆にいえば資本家に雇われる以外に生活する手段をもたない階級である。労働者階級は人格的には自由であるが，労働力以外の生活手段からも自由な（＝持っていない）階級である。なお資本家とは資本の本性を担う人格的存在のことである。
　資本主義社会は大きく資本家階級と労働者階級を二大階級とした階級社会である。なお土地所有者＝地主を一つの社会階級とすれば，資本主義社会は三大階級からなる階級社会である。
　第3に，資本はなんのために経済活動をするのかといえば，それはいうまでもなく利潤を獲得するためである。資本は最大限の利潤を追求するために絶えず生産方法を改革したり新商品を開発したりして競争するために，資本主義のもとでは生産力は飛躍的に発展する。しかしそれはもはや労働の生産力ではなく，資本の生産力として現れるのである。

5　未来社会

　資本主義経済とそれに基礎をおく社会は人類の歴史における最高にして最終の経済システムでありまた社会であるという保証はない。資本主義はそれ自身矛盾をもっている。しかし矛盾は発展の原動力である。資本主義経済における矛盾の発現をさまざまな手段によって緩和させ，あるいは生産関係や生産様式を適応させることによってかえって資本主義を発展させてきた。ただしそれでも解決できない本質的な矛盾は残り続ける。
　資本主義はどのような矛盾を抱えているかについては本書全体で明らかにするが，資本主義の矛盾を乗り越えた社会はどのようなものであるのか，具体的

に想定することは難しい。というのは,歴史上これまで社会主義という名で存在した諸国や現に存在している諸国は,いずれも資本主義が高度に発達し,その結果として社会主義に移行した諸国ではないからである。

　それに,資本主義を超えた新たな社会もまたなんらかの矛盾を抱えているはずである。矛盾は発展の原動力であるから,矛盾のない社会とは理論的には発展のない社会である。ただし資本主義の矛盾・弊害を取り除いた社会という側面に限っていえば,そうした未来社会をある程度はイメージできる。労働時間が短縮され,自由な時間が拡大される社会,階級対立のない自由な人々の共同体社会,生産力の発展が利潤追求の結果としてではなく,人々の自由で主体的な活動として実現される社会等である。また未来社会を目指して一歩一歩と社会を変革してゆくためにはそれを求め担う主体が多数者として形成されなければならない。資本主義から未来社会への移行は,封建制から資本主義への移行と同じく,長期にわたるプロセスとなるであろう。資本主義を乗り越えた未来社会を展望するためにも,資本主義そのものの分析がまず必要である。

第2章　商品の価値と使用価値

第1節　なぜ商品の分析から始めるのか

1　出発点としての商品

　第1章では特段資本主義経済に限らない，いわば人類の歴史を貫通する労働の意義を中心として検討した。この章でも直接資本主義を分析するのではなく，商品の分析から始める。

　それではなぜ直接資本の分析に入らず，商品の分析から始めなければならないのであろうか。

　それはすでに述べたように，資本主義社会は高度に発達した商品経済の社会であるからである。そのうえで，さらに立ち入って商品の分析から始める理由を明らかにしておこう。

　第1に，資本をもっとも端的に定義すると，それは価値増殖する貨幣である。もちろんのちにみるように，資本は形態変換をしながら価値を増殖させるのであって，つねに貨幣という形態で存在しているわけではないが，たとえば1億円のお金を投資して1億2000万円に増えるというのがさしあたりの資本のイメージであろう。その場合，資本は1億円とか1億2000万円という貨幣の額で示される。それゆえ資本を理解するためにはまず貨幣とは何かを明らかにしなければならない。しかし貨幣を理解するためにはそれ以前から存在していた商品を理解しなければならない。商品の交換があってはじめて貨幣が必要とされるようになるからである。貨幣とは何かについては**第3章**で検討する。

　第2に，資本は賃金労働が存在することによって価値増殖ができるが，賃金労働とは労働力が商品化され，賃金を得るために労働力を売って，すなわち資本に雇用されて働くことである。労働力という商品を理解するためにはまず一般的に商品とは何かを明らかにしなければならない。

　第3に，資本は利潤を目的として運動する。利潤とは何かを理解するために

は利潤の源泉を理解しなければならないが，常識的なイメージでは利潤はコストを上回った価格で商品が販売されて実現される。それゆえ商品の価格はどのようにして決まるのかを理解しなければならない。そのためには商品そのものの分析が必要である。

　以上のことから，商品の分析から始めなければならないのである。

2　単純商品と資本主義的商品

　資本主義経済は高度に発達した商品経済である。今日では毎日の生活に必要な物資のほとんどを商品として購入しなければ成り立たない。商品といってもきわめて多様であり，食料品や衣類などの日常の生活物資からテレビや冷蔵庫などの家電製品，自動車や分譲住宅のような高価な耐久消費財，それにさまざまなサービス商品まで限りなくあるが，ここでは特殊な商品ではなく日常的な商品を念頭において検討を始める。

　その前に，**第1章**で述べたように，商品生産と流通は資本主義以前からすでに存在していたことである。その主体は，主として自ら生産手段を所有し，自らの労働力（家族等を含む）で労働する農民や手工業者，商人などの独立自営業（小営業）者である。商品と商品とが交換される場が市場であるが，そのために商品経済は市場経済ともいわれる。商品経済・市場経済の高度な発達のうえに資本主義的商品生産がある。また資本主義を超えた未来社会に向かう長期にわたる過渡期においても商品経済は存在し続けるし，また未来社会においても商品経済が存在する可能性は否定できない。ただ，商品そのものを見ても，それが資本主義的商品であるのか，そうではないのかはわからない。のちにみるように，資本主義経済は商品を資本主義的生産関係のもとで生産し，販売するシステムである。

　未来社会のことはさておき，資本主義以前の生産関係において生産される商品や資本主義が支配的でありながらも必ずしも資本主義的生産関係のもとでは生産されていない，たとえば自営業的に生産されている商品を単純商品，資本主義的関係のもとにおいて生産される商品を資本主義的商品と名づけておこう。ここでまず検討するのは，単純商品でもあり資本主義的商品でもある商品すなわち生産関係を捨象した商品一般である。

第2節　商品

　以下で問題とする商品は，美術品や工芸品，ルイ・ヴィトンのバッグなどのブランド商品，それに土地やゴルフの会員権といった特別な商品ではなく，普通の人が普通に，どこでも買えるありふれた商品である。特殊な商品をもちだして，以下の商品の説明はあてはまらないといわれても困るので，このことをあらかじめ強調しておきたい。

1　商品の使用価値と交換価値

　それでは商品とは何であろうか。ただの労働生産物とはどこが違うのであろうか。たとえば，私が自分の必要のために材木等を買ってきて家具をつくったとしよう。それは私の労働の生産物であるが，それは他人に売るためにつくったものではないから商品ではない。

　商品とは，他人のための生産物であり，それをつくるのは別の生産物と交換するためである。商品生産者同士がお互いにつくった商品を交換し合う場が市場である。商品経済，市場経済の発達は社会的分業と並行して進む。社会的分業とは，自給自足の生活ではなく，各生産者はなんらかの生産物の生産に特化し，その生産物を交換し合うという社会的関係のことである。生産物を自ら消費してしまうのではなく，それらを商品として交換し合うという関係が社会的に形成されると，各生産者は特定の商品生産に特化・専門化し，それを交換し合うことによって必要物を手に入れ，生産と生活を成り立たせることが可能になり，また商品経済が発達するのである。

　商品についてさらに具体的にみてみよう。

　商品には二つの側面がある。一つは，商品には社会的に有用性があるということである。たとえば鉛筆はそれで字や絵がかけるという有用性がある。それを商品の使用価値という。有用性がなければ，あるいは使用価値がなければ商品にはならない。私がいくら頑張って椅子をつくっても，座れば壊れてしまうような椅子では使用価値はない。しかも商品であるためには，使用価値があってもそれが他人にとっての使用価値でなければならない。いくら有用性がある

と考えても他人がそれを必要とし交換してくれなければ商品にはならない。

　商品のもう一つの側面は，なんらかの比率で他の商品と交換できるということである。当面，貨幣の存在を捨象すれば，ある商品たとえば1冊のノートと2本の鉛筆とが交換できるということである。そしてこの交換比率で社会的に交換が繰り返されると，ノート1冊の交換価値は鉛筆2本分に相当するということになる。

　なお，使用価値があっても交換価値のないものは商品とはならない。たとえば空気は人間や生物の生存に欠かせないものであるが，それは交換価値をもっていないから商品ではない。無料で手にはいるものはいかに有用性があっても商品ではない。

2　商品の価値

　商品の使用価値は使ってみればわかるが，それでは商品の価値とは何であろうか。すでに商品は他の商品との交換によって交換価値として測ることができると述べたが，ある商品と別の商品との交換比率を決定するものは何であるかという問題でもある。商品の使用価値を捨象すると，残るのは商品は労働の生産物であるという共通性だけである。第1章で労働の二重性について説明したが，労働には具体的有用労働と抽象的人間労働という側面がある。そしてそれが労働の生産物である商品に対して，具体的有用労働という側面が商品の使用価値に対象化され，そして抽象的人間労働すなわちその生産にどれだけの労働が投入されたかという側面が商品の価値を規定する。

　さきの例でいえば，ノート1冊と鉛筆2本とが交換されるということは，ノート1冊の生産に必要な労働量が鉛筆1本の生産に必要な労働量の2倍であることを示している。

　それについて，次のことを付け加えておきたい。

　これも第1章で説明したことであるが，労働の生産物を生産するためには労働対象と労働手段（あわせて生産手段）が必要である。その生産手段を生産するためにも労働が必要である。ある生産力の発展段階，ある技術水準の段階においてノートをつくる生産手段の内容がほぼ同じであるとすると，生産手段の生産に投入されている労働量もほぼ同じと考えてよいだろう。それを旧労働と

いおう。それを使って新たにノートを生産するために投入される労働を新労働といおう。ノート1冊という商品に投入されている労働量は旧労働と新労働の合計であり，それがノート1冊の価値を規定するのであって，新たに投入された労働量だけが価値を決めるのではない。

　そのうえで，まず新労働に関して，同じ労働手段や労働対象を使っても人によって生産される分量は違う。熟練した労働者は同じ時間でより多く生産し，そうでないものは少ししかつくれない。もし投入労働量がそのまま商品の価値を規定するなら，能率の悪い労働者がつくったもののほうがより多くの価値をもつというおかしなことになる。そこでその時代・発展段階における社会的平均的な労働が投入された商品の価値が基準となり，不熟練の労働者によってそれ以上の労働量が投入されたとしても社会的平均的な労働しか投入されていないとみなされる。逆に熟練した労働者なら同じ労働時間でより多くの生産物＝商品を生産できるが，個々の商品には社会的に平均的な労働が投入されたものとして評価される。

　同じことは旧労働についてもいえる。商品生産に必要とされる旧労働を社会的平均以下に引き下げれば，商品の全体としての総労働量を引き下げられるのである。

　労働生産性の向上＝労働の節約は，社会的平均労働を基準として，それ以下の労働での生産を可能にすることによって実現される。商品生産者は旧労働と新労働との合計をできるだけ少なくするように生産することをめぐって競争し，生産性を向上させるのである。

　なお，旧労働は対象化されて旧価値となり，新労働も対象化されて新価値となる。この新価値を付加価値ともいうが，商品の価値は旧価値と新価値の合計である。

　新労働の具体的有用労働は，労働過程において労働対象を形態変化させて新たな労働の生産物である商品を生産するのであるが，それは価値の側面からいえば，労働対象に含まれている価値を商品に移転するという役割を果たしている。労働手段は繰り返し使用されるので労働対象のように価値計算は簡単ではないが，たとえばノートをつくる労働手段が仮に1万冊つくれ，そこで耐用期限が来るとすれば，ノート1冊あたりその労働手段に投入された労働量の1万

分の1が商品に移転されたとみなすことができる。

なお，これからは労働量，正確にいえば抽象的人間労働の量を労働時間で表現することにする。そしてその労働時間は断りのないかぎり社会的平均的な労働時間である。

3 使用価値＝有用性は測れるか

上記の価値の説明に対して，商品の使用価値は測ることができる，それが商品の価値・価格を規定するのだという理論がある。しかしその理論は成り立つのだろうか。

どんな商品でも使用価値があるが，商品の使用価値＝有用性を測ることはできるだろうか。ここでも例をあげて検討しよう。

靴と万年筆という商品があるとする。それぞれ独自の使用価値あるいは有用性があることは誰でもわかる。しかし，靴と万年筆とは質的に異なるまったく別の有用性をもった商品である。どの程度の有用性・役立ちがあるか，たとえば靴は万年筆の何倍役に立つかについての判断は人によってまったく違う。そうした主観を取り除くために大量の人に有用性あるいは役立ち，効用，満足度等を比較するアンケートをとって客観化しようとしても，おそらくその答えは千差万別であろう。仮に靴が1足1万円であり，万年筆が1本1000円であったとしよう。そうすると靴は万年筆の10倍の有用性があるといえるだろうか。それは価格を知った結果からしか判断できないのである。

われわれの身近な商品として，液晶テレビやパソコンがあるが，近年の価格低下は著しいものがある。しかしそれは有用性なり効用なりが急速に下がったことの反映であるといえるだろうか。むしろ逆に有用性はこの間急速に上がった（きれいになった，便利になった，機能が向上した等）というのが，誰も否定することのできない事実であろう。有用性や効用が価値・価格を規定するという理論ではこうした問題を説明できないのである。

アダム・スミスは『国富論』（1776年）で使用価値と交換価値とを区別し，水とダイヤモンドを例にあげて，水がなければ人間の生存は不可能であり，その有用性はダイヤモンドとは比べものにならないほど高いのに交換価値はほとんどないこと，ダイヤモンドは使用価値がほとんどないのに交換価値はきわめて

高いことを指摘して，それ以上使用価値には言及せず，交換価値を規定するのは何であるかの考察に移っているが，あまりよい比較例とはいえない。しかしその指摘そのものは十分納得できるであろう。

なお，有用性とか効用の代わりに希少性をあげて，ダイヤモンドが高いのは希少性があるからだという理論もあるが，そもそも商品の価値を問題とするのであれば，この節の最初に述べたように，ごく一般的な通常の商品を例とすべきである。すなわち需要があればそれに見合った供給が可能なものが一般的な商品である。アダム・スミスがあげた水とダイヤモンドの例が適切ではないというのも，需要に見合った供給が困難な特殊な商品を持ちだしているからである。

なお，ダイヤモンドが高価なのは，その発見や採掘がきわめて困難であり，旧労働と新労働が大量に投入されなければならず，その結果として高い価値をもつということで十分に説明できることである。

それでもなんとか効用を測ろうとする努力のなかから，効用一般は測れないとしても限界効用は測ることができるとする限界効用理論が登場し，各経済主体は効用の最大化を目指して合理的に行動すると仮定する Economics が精緻な数理的経済理論として体系化されてきた。それは労働を基礎とする社会把握を土台に置き，労働価値論を現代化しようとする現代の Political Economy との決定的な相違点である。

4　使用価値の分類

商品を使用価値の側面から大きく分類すると，生産手段として使用される商品である生産財と，消費手段として使用される商品である消費財とに大別することができる。このように大別すると，生産財は生産財を生産するための商品と，消費財を生産するための商品とにさらに区分することができる。他方，消費財については，耐久消費財と非耐久消費財など，さまざまな区分が可能であるが，最も重要な区分は，生活必需品と奢侈品（＝ぜいたく品）との区分であろう。人々の貧富の相違は，消費生活における生活必需品と奢侈品との購買の比率の相違として現れるからである。社会における商品の生産と再生産とは，具体的には多種多様な財が相互に依存しながら取引されているのであるが，そ

の順調な進行のためには，これらの生産財と消費財とが一定の割合で生産されまた消費されなければならない。また，社会においてどのような生産財や消費財が中心的に生産されまた消費されているかが，社会の発展程度や成熟度の指標ともなるといえよう。

　もう一つ重要な財がある。それは軍需品である。軍需品は，それで何かを生産するわけではなく，使われるとそれで消滅してしまうから，消費財である。社会においてどの程度の質と量の軍需品が生産されまた消費されるかは，社会の再生産のあり方にも多かれ少なかれ影響を及ぼすことはいうまでもない。

　以上のように，商品における使用価値は，たんに商品の価値の担い手であるというだけにはとどまらない，独自の意味をもっている。なお，資本主義経済における商品の生産・再生産における使用価値の側面を含んだ相互依存関係については，**第9章**でさらに検討する。

第3章　貨幣と商品の価格

第1節　商品の価値の実体と形態

　前章で，商品の価値はその商品の生産にどれだけの社会的平均的な労働量・労働時間がかかるかが基準となることを説明したが，それが価値の実体である。
　しかし，商品を見ても実際にどれだけの労働が投入されたかを直接知ることはできない。そこで第2章で説明したように，その商品を他の商品とどれだけ交換できるかという交換価値としてとらえるほかはない。そして最終的に貨幣によって価値を表現するにいたるのであるが，そのプロセスを論理的に説明しよう。なお，価値形態とは価値の表現形態のことである。商品の価値はどのように表現されてきたのか，その展開過程を追いかけることがここでの課題である。それはまた，貨幣の本質を明らかにすることでもある。また，価値形態の展開過程は，同時に商品交換の歴史的な発展過程をも表しているのである。

1　単純な価値形態

　単純な価値形態とは，たとえば前章の例でいうと，ノート1冊の価値を鉛筆という別の使用価値物何本に相当するかという形態で価値を測ることである。

$$1冊のノート = 2本の鉛筆$$

　この式は，左側のノートの価値を右側の鉛筆何本という商品の数で示している。つまり左側の商品の価値を右側の商品の数量によって表現しているのである。もう少しいえば，左側の商品の価値は右側の商品によって絶対的にではなく相対的に表現されているのである。それゆえ左側の商品の価値形態は相対的価値形態にあるということができる。
　他方，右側の商品は，左側の商品の価値がどれだけかを表現してあげている。つまり左側のノート1冊に対して，鉛筆2本分の価値に等しいですよと教え

いるのである。それゆえ右側の商品は左側の商品の等価物であり、等価形態にあるということができる。それゆえ上の等式の記号＝は、＝であるとともに⇐でもあると理解してほしい。

これからやや複雑な価値形態に移っていくが、あくまでも左側の商品は相対的価値形態、右側の商品は等価形態にあるということは変わらない。

しかし、この単純な価値形態には限界がある。ノートの価値は鉛筆でしか表されていないからである。たった一つの商品によってしか相対的に価値が表現されないということは、さらに次のような問題をも引き起こす。たとえばなんらかの事情によって、

$$1 冊のノート = 3 本の鉛筆$$

となったとしよう。そうすると、ノート1冊は3本の鉛筆に等しいということになるが、それはノートの価値が鉛筆に比べて相対的に上がったことを示している。しかしそれが本当にノートの価値が上がったからか、それとも鉛筆の価値が下がったからか、あるいは両方の要因が複合して1冊のノート＝2本の鉛筆から3本の鉛筆に変わったのかはわからない。ノートの価値は鉛筆の本数によって相対的に表現されているにすぎないからである。

また、単純な価値形態は、一つの商品と一つの商品とが固定的に交換されているという商品経済の初歩的な歴史的段階を反映しているともいえる。

2　展開された価値形態

左側の商品の価値をもっとさまざまな商品によって表現しよう。それは左側の商品がさまざまな商品と交換されるという社会的分業と市場経済の発展をも反映している。

$$1 冊のノート = \begin{cases} 2 本の鉛筆 \\ 3 個の消しゴム \\ 1 本のボールペン \\ 10 個のピン \\ 等々 \end{cases}$$

ノートはいまやさまざまな商品によってその価値が表現されている。それだけノートの価値はより正確に表されるのである。

それでもこの価値形態は，多数の等価物によってその価値は表されているとはいえ，なおノートの価値を相対的に表現しているにすぎないのである。

3　一般的価値形態

展開された価値形態の左辺と右辺を逆にしてみよう。そうすると今度はさまざまな商品が一つの等価物によって表現されることになる。

$$
\left.\begin{array}{l}
2本の鉛筆 \\
3個の消しゴム \\
1本のボールペン \\
10個のピン \\
等々
\end{array}\right\} = 1冊のノート
$$

右側の商品であるノートは，あらゆる商品に対して等価物として，すなわち一般的等価物としての役割を果たしている。現実には1冊のノートが一般的等価物であるというのは不自然なので，たとえば木綿の布1反とか，米1キログラム，あるいは塩100グラムといったものを想定したほうがよいだろう。歴史的にも市場経済の発達とともに特定の商品が一般的等価物としての役割を果たし，それを媒介として商品交換が行われるようになった。ここにおいて，ある特定の商品は，商品であるとともに一般的等価物でもあるという二重性をもった商品となったのである。ただ何が一般的等価物としての役割を果たしたかについては，地域によってまた歴史的事情によっても異なる。

4　貨幣形態

さきの一般的等価物としての機能に特化された商品が貨幣である。歴史的にはさまざまな商品が一般的等価物として，さらには貨幣としての役割を果たしたが，市場経済の発達と交易の世界的広がりとともに，やがては金や銀などの貴金属に集約されていった（物品貨幣から金属貨幣へ）。とくに金が貨幣の地位を独占し一般化していったのはその自然的属性が貨幣にふさわしかったため

である。そして金が市場経済の発達のなかで貨幣として社会的に認知されていった。

$$\left.\begin{array}{l} 2本の鉛筆 \\ 3個の消しゴム \\ 1本のボールペン \\ 10個のピン \\ 等々 \end{array}\right\} = 1グラムの金$$

　ここにおいてあらゆる商品の価値が金何グラムかによって評価される。金は金という商品であるとともに，一般的等価物としての貨幣の地位を独占する。そしてあらゆる商品は金を媒介として交換される。

　しかし，注意を要するのは，金もまた一つの商品であって，金の価値は不変ではないことである。金鉱の発見から採掘，精錬，そして純金にするまでに必要な労働量が歴史的・地理的に相違があり，また変化するのは当然である。そして金の価値の変動によってそれが相対的に表現する商品の価値も変動する。金といえども絶対的で不変的な価値の尺度ではない。それでは金以外のなんらかの物質が絶対的・不変的価値の尺度としての役割を果たせるだろうか。実はそのような物質は存在しない。なお，のちに検討するように金の代理をする紙幣や，現代では電子マネー等も登場しているが，どこまでいっても絶対的で不変的な価値の尺度というものはない。貨幣形態もまた，商品の価値を相対的に表現する等価物であるという性格をまぬがれることはできないのである。

第2節　貨幣形態の発展と価格

1　発展した貨幣形態

　金が貨幣の一般的形態としての地位を確立したといっても，商品交換の際にいちいち金の重量を測って交換するというのは不便である。それに金の塊（＝金地金）に不純物がどれだけ含まれているかもにわかには判定しにくい。そのためにやがて大粒であれ小粒であれ金の塊そのものではなく，金貨という鋳貨の形をとり，それに一定の名称が与えられて通用するようになる。そのほうが

便利なためである。そしてそれを実際に行うのは権力機関としての国家でありまた国家の管理下にある通貨当局である。金貨を削ったり不純物を混ぜたりすることは犯罪であり，国家によって厳しく処罰される。とはいえ国家自身がこっそりと不純物を混ぜて改鋳したことは，歴史上たびたびあった。

日本では，0.75グラムの金貨に対して1円という名称がつけられ，それが法定された（貨幣法，1897年）。日清戦争（1894〜95年）の勝利で得た賠償金によって，日本も金本位制の仲間入りを果たしたのである。

そして金何グラムという代わりに何円という名称に変わる。それが価格である。すなわちたとえば次のようになる。これを発展した貨幣形態と名づけよう。

$$
\left.\begin{array}{l}
2\text{本の鉛筆}\\
3\text{個の消しゴム}\\
1\text{本のボールペン}\\
10\text{個のピン}\\
\text{等々}
\end{array}\right\} = 100\text{円}
$$

しかし，日常の取引においては金貨そのものを使うことはできるだけ避けようとすることは必然的である。金貨は使われているうちにしだいに磨り減ってくる。そのために金貨の名目上の金量と実際の金量とがしだいに一致しなくなるという問題が起こるからである。また，より少額の取引のために銀貨や銅貨などの補助貨幣も使われたが，その場合も同様の問題が生じる。

もう一つは，金は貨幣であると同時に一般商品でもあり，市場経済の発達と生産力の上昇とともに金の商品としての需要も増加するためである。金は各種の装飾品としてだけではなく，工業用としても大量に使われている。金本位制度を維持するためには貨幣としての金の価格（＝法定価格）と商品としての金の価格とが一致するように通貨当局は金の市場価格をつねにコントロールしていなければならない。それゆえ金貨としての使用をできるだけ避けようとするのは，その面からも必然的である。

そこで国家による兌換紙幣や中央銀行による兌換銀行券が発行され，それらが金貨に代わって流通するようになるのである。

ただし，それはあくまでも論理的なレベルの話であって，兌換銀行券が発行

されたものの実際にはほとんど流通せず，金貨が流通の主要用具であり続けた国も多い。

日本では明治政府が1868年太政官札という兌換紙幣を発行した。さらに1871年に政府は新貨条例を公布して金本位制を採用し，通貨単位として円を制定し，1円を1.5グラムと定めたが，実際には金の不足から銀貨の利用が続いた。1882年に日本銀行が設立され，1885年に兌換銀券が発行されたが，それは政府が同額の銀と交換することを保証した兌換紙幣である。金貨との兌換を保証した兌換銀行券は金本位制が本格的に確立したあと，ようやく1899年に発行された。そして兌換銀行券が実際に貨幣流通の主要な手段となり，金貨はほとんど使われなくなったのである。

なお，貨幣の発行権が政府から中央銀行に移されたのは，国家が国家的必要のために貨幣を発行するとどうしても貨幣の過剰発行となって物価が騰貴するなど，経済を混乱させるためである。中央銀行は国家の論理に従属せず，経済の論理にしたがって貨幣を発行することを任務として，発行権をもつようになったのである。

2　現代の貨幣

今日ではどこの国においても兌換が停止され，金との直接的な結びつきを欠いた不換銀行券（日本では日本銀行券）が貨幣としての役割を果たしている。すなわち金本位制度から中央銀行が通貨の流通量を管理調節する管理通貨制度に変わっている。これをどのように考えればよいのであろうか。

それはたとえ金という実体の裏づけを欠いているとしても，銀行券を国民が信用し，そしてそれを国家が法認してその使用を強制しているからである。信用貨幣とか信用通貨と呼ばれるのが現代の貨幣である。ただし信認が失われると銀行券の値打ちが低下する。それがインフレーションである。今日では物価の上昇をすべてインフレーションということが多いが，本来はインフレーションは銀行券の信認・信用が低下し，そのために物価が全体的に上昇するという事態をさす。さきの発展した貨幣形態の表を見ていただきたい。右側の等価形態にある円の値打ちが下がれば，すなわち100円がたとえば150円になれば，左側の相対的価値形態にある商品の価格が全般的に上昇するということである。

さらにハイパーインフレーションという事態になれば銀行券の信用は失墜し，物々交換の世界に引き戻される（敗戦直後のドイツや日本，ソ連崩壊直後のロシア等）。それは極端な事態であるが，銀行券の発行・流通に責任を負っている中央銀行の最大の使命は通貨価値の安定であり貨幣の信用の維持である。

国際通貨については次の節で検討するが，国際通貨と国内通貨との関係について最低限の言及をしておかなければならない。

各国の国内通貨はもはや直接的な金の裏づけを欠いた信用通貨に変わったとしても，国際通貨はそうはいかない。戦後はブレトンウッズ体制といわれる金1オンス＝35ドルという交換比率（レート）で兌換することを条件として，本来はアメリカの国内通貨にすぎないドルが国際通貨としても使われる体制が長く続いた。なお，金1オンスは約31グラムである。各国の国内通貨もドルとの交換比率が固定され（1ドル＝360円など），ドルを通じて間接的に金と結びついていた。しかし1971年にアメリカが金とドルとの交換停止を発表し，その後，固定相場制への復帰の動きはあったものの，やがて金との結びつきが切れた各国通貨が相対的に変動する変動相場制へと移行した。そのなかでどの通貨が国際通貨として選ばれるかはまさに信用に依存する。一般的にいえば信用度の高い通貨は国際通貨として選ばれ，逆に信用度が相対的に低い通貨は選ばれない。現代はまだドルが国際通貨として圧倒的な比重を占めているが，アメリカの相対的な経済力の低下とドル価値の相対的な低下，他方ではユーロの登場や中国人民元の台頭，それに日本の円等，国際通貨も多極化しつつある。

現代の国際通貨体制において，もちろん現実に国際通貨として通用する通貨は限られているが，ドルやユーロ，ポンド，人民元，円などは一国あるいは一定地域内部の通貨であるとともに国際通貨でもある。通貨がいまや投機の対象ともなり，時々刻々と変わる通貨価値は実際の通貨価値と大きく遊離しがちである。そこに現代資本主義の不安定性の一側面があるが，そのことについてはのちにふれることにする。

現代の貨幣は金との結びつきを断ち切られた信用貨幣であり，その信用度合いは他国の通貨との相対的関係によっても刻々と変化しているのが現実である。しかし貨幣＝通貨はなお等価形態として商品の価値を相対的に評価する基準であり続けている。そして変動はありながらも長期傾向的には商品の価値を価格

として反映している。そのことを確認して、さらに貨幣の分析を続けよう。

第3節 貨幣の諸機能

1 価値尺度としての機能

すでにこれまでの検討からも明らかなように、貨幣の第1の機能は価値尺度としての機能である。たとえば1万円の商品は5000円の商品の2倍の価値をもっているということである。円がもはや信用貨幣であるとしても、商品の相対的な価値評価はできる。

ただし、価格づけができるといっても、その価格が相対的にではあれ価値をつねに正確に表現しているとはかぎらない。しかしそれは貨幣の価値尺度としての欠陥ではなく、ある商品の現実の価格が本来の価値から大きく乖離すると、たとえば価値よりも価格が高い場合にはその商品生産への参入が増加し（逆の場合は逆）、遅かれ早かれ需要と供給の変動を引き起こし、その乖離を調整するという機能を果たすのである。

もう一点は、本来価値をもたないものや価値を測れないものでも価格づけができるということである。土地のような労働の生産物ではないものでも商品となればなんらかの価格がつく。美術工芸品や文化財など価値を測れないものも商品となれば価格で測れるということは、さまざまな問題をも引き起こしているが、商品経済・市場経済の発展が必然的にもたらすことである。

2 流通手段としての機能

貨幣が成立すると商品交換は貨幣を媒介するようになる。貨幣の流通手段としての機能である。これからはW（商品）、G（貨幣）という記号で表現する。そしてG—Wは貨幣から商品への変換すなわち貨幣を手放して商品を購買すること、W—Gは商品から貨幣への変換すなわち販売することを意味している。同一商品の交換は意味がないので、別々の商品をW_1, W_2と表すことにする。すると商品交換W_1—W_2は、貨幣Gが媒介されることによってW_1—G—W_2となる。そのことによって商品交換がきわめてスムーズに行われるようになる。すなわち商品の販売者は貨幣をもっていてその商品を必要としている誰に対し

ても販売することができる。そして手に入れたその貨幣で必要とするどんな商品でも購買が可能となる。

ただし，重要なことは，貨幣 G が媒介することによって，W_1—G と G—W_2 とが分裂すること，すなわち貨幣所有者が必ずしもすぐに商品を買うとはかぎらないことである。市場には買われるのを待っている商品があり，他方では貨幣があるのに商品を買おうとはしない。商品を売りたくても売れない。商品の生産者・所有者は投売りしてでも貨幣を手に入れようとする。価値以下への価格の暴落である。販売と購買の不一致が社会的に拡大すると，それは恐慌となる。貨幣の媒介によって恐慌の可能性（あくまでも可能性であるが）が生じることに留意されなければならない。

3 蓄蔵貨幣としての機能

貨幣は必要なときに必要な商品といつでも交換できる。それゆえすぐに使う必要はない。蓄蔵貨幣は富の代理である。そして商品経済が発達するとともに人間の致富欲である富の蓄積が金儲け，すなわち貨幣の蓄積として自己目的化する。貨幣はいつでも商品と交換できるから，現金をたんすに貯めておこうが銀行に預けておこうが，ものを貯めるよりも貨幣を貯めるほうがはるかに容易でありまた便利でもある。

もちろん，そのためには貨幣としての価値，信用が維持されていることが必要であるが，当面はその条件が満たされていることを前提として議論を進めてゆく。

しかし，貨幣の蓄蔵は，他方ではさきに流通手段の機能においてみた購買と販売との分離という問題をいっそう深刻化させる。すなわち恐慌の可能性をより高めるのである。

以上は個人等のレベルであるが，国家のレベルにおいても貨幣の蓄積こそが国の富の蓄積であるという重商主義的な考え方や行動はこれまでの歴史においてもみられたし，現在でも対外支払い等のために，国家はつねにある程度は国際通貨（＝外貨）を準備しておかなければならない。

また，とくに資本主義経済が発達すると，たとえば固定資本の減価償却基金の蓄積や事業の拡大，新規事業のためにも一定の貨幣の蓄積が不可欠になる。

それらは致富欲のためではなく，資本主義経済が順調に拡大再生産してゆくために不可欠な資金（ファンド）である。しかし個別資本のそれぞれの思惑によるファンドの無政府的な蓄積のために，社会における商品全体の需要と供給とのバランスが崩れることは大いにありうることである。その問題についてはのちに再度検討することにしよう。

4 支払い手段としての機能

　商品経済の発展は，商品取引のつど現金で決済することを必ずしも必要としない手段・方法を開発させる。たとえば原材料を仕入れるためには本来貨幣で代金を支払わなければならないが，商品をつくって販売し，その代金を得ることが確実な場合，原材料の購買者はその支払いをしばらく猶予してもらう取引が行われるようになる。掛売り，掛買いである。その際の取引は売り手は債権者となり，買い手は債務者となる。そして一定の時点で貨幣が支払われることによって債権債務関係は消滅する。債権債務関係を最終的に消滅させる貨幣を支払い手段としての貨幣という。信用を通じて購買と支払いが分離され，その際，一定期日の支払いを約束した手形等が発行される。しかもこの手形が他人に譲渡され，貨幣の代わりを演じるようになる。こうした信用取引が発展してゆくと，実際の現金はますます節約されてゆく。

　しかも現代では，消費者がクレジットで商品を買うこともかなり一般的になっている。購買と支払いとが時間的に分離し，クレジットや手形，小切手等が貨幣の役割を果たすようになればなるほど支払い手段としての貨幣は節約されるのである。

　ただし，信用取引の連鎖は，いったんなんらかの事情で断ち切られると信用取引への不信と不安を招き，信用の収縮と支払い手段である現金への換金を求めて殺到するという事態をまねくことになる。もちろんここでいう現金とはもはや金地金や金貨のことではなく，日銀券やドル，ユーロなどの信用貨幣のことである。信用度の低い通貨や通貨の代理物（手形や小切手等）から，より信用度の高いとみなされる信用貨幣への変換が求められれば求められるほど，信用度の低い通貨等の価格は下落し，信用取引は停止される。それが信用恐慌である。信用取引の発達は商品経済の発達を促進するとともに，大規模な信用恐

5 世界貨幣と国際通貨

　金本位制度が確立しているかぎり，金は名実ともに世界貨幣であった。国際的な金本位制にはさまざまなレベルがあり，国内で価値尺度や流通手段等の機能を果たしている金貨がそのまま国内で通用している場合や，兌換銀行券が流通しているという状態において金貨や金地金（＝金塊）が自由に輸出入される場合もあれば，国内通貨はもはや金との交換が停止されても，国際決済には金あるいは金との兌換が保証されている通貨が使われるという制度まである。1870年代からは兌換紙幣であるイギリスのポンドが実際に国際通貨として使用された。

　なお，ここで概念の整理をしておくと，世界貨幣とは貿易等の対外取引において使われる貨幣のことであり，しかもどこでも通用する貨幣のことである。金本位制のもとでは当然金が世界貨幣であるが，金との固定比率でつねに交換可能な通貨も世界貨幣として通用するから世界貨幣である。ただし実際には世界において圧倒的な経済力をもっている国の通貨が使われる。そうした通貨は基軸通貨といえる。当時のイギリスのポンドはまさに世界貨幣でありまた基軸通貨であった。

　とはいえ，戦争や恐慌という事態が生じると，金本位制はたびたび停止された。つまり金と通貨の兌換が停止され，対外取引では金貨あるいは金地金でしか決済されないから，外国貿易等は大幅に縮小せざるをえない。そのために可能なかぎり早期に金本位制への復帰がそのたびにはかられたのである。ここでは国際通貨制度の変遷を詳しく述べることはできないが，第一次大戦後は国際金本位制＝ポンド体制がしだいに崩れ，ドルがポンドの地位を脅かし始めた。そして1929年世界恐慌の勃発後，各国は相次いで金本位制から離脱せざるをえなくなり，そのまま第二次世界大戦に突入したのである。

　戦後はすでに述べたように，金との固定比率での兌換を保証したドルが基軸通貨としての地位を確立したのであるが，1960年代にはいると早くもドルの信認が不安定となり，1968年の金の二重価格制の採用（国際通貨としての金の価格は固定するものの，商品としての金の価格は自由とすること）等をへて，

1971年の金とドルとの交換停止へといたった。その後いったんは金1オンス＝38ドル，各国通貨はそれぞれ新たな交換レートで固定する（円は1ドル＝360円から308円へ）というスミソニアン協定が結ばれたが，ほどなく瓦解し，その後は国際通貨体制としても金との交換義務のない各国国内通貨や地域通貨のうち，国際的に信用される通貨が国際通貨として使われ，しかもその交換比率は刻々と変わる変動相場制へと移行し，現在にいたっている。

　今日では厳密な意味での世界貨幣はなく，また基軸通貨も存在しない。ドルはいくつかの国際通貨のうち，いまなお相対的に多く使われている通貨であるが，厳密にいえば基軸通貨とはいえない。また変動相場制の弊害も大きい。ユーロの発足（1999年，ユーロ紙幣の発行は2002年）は，せめて西ヨーロッパ諸国内での通貨価値の乱高下を防ぎ，共通通貨を設立しようとする長年の努力の賜物である。国内通貨と外国通貨，外国通貨と外国通貨との交換・取引市場を外国為替市場というが，外国為替や外国通貨を投機の対象にしないこと，そのためには外貨取引を実需原則に戻すことが必要であろう。

　将来的にはドル，ユーロ，ポンド，人民元，円などの主要な国際通貨のバスケットを基準とし，柔軟性のある固定相場制，たとえば毎年決められた日に通貨の交換比率をいくつかの指標から技術的・機械的に決定し，1年間はそのレートで固定するシステムなどが一つの可能性として考えられる。世界中央銀行が設立されてそこが世界貨幣を発行して各国に分配し，国境を超えた取引はすべて世界貨幣で行う，ドルや円，ユーロ等は国内通貨や地域通貨に限定する，ということも構想としてはありうる。ともあれ安定した国際通貨体制の形成が世界的な課題である。どのような国際通貨体制が形成されるかはともかく，現在の体制は決して永続可能なものではなく，その改革が迫られており，新たな国際通貨体制形成への過渡期にあるという認識が必要である。

第 4 章　剰余価値の生産

第 1 節　価値増殖過程

1　単なる貨幣と資本としての貨幣

　商品交換に貨幣が用いられると，商品流通は貨幣を媒介とするから，それを W_1―G―W_2 という記号で表すことにする。W_1 と W_2 とは異なった使用価値をもった商品であることを示している。G は貨幣の記号である。その際の貨幣は価値尺度機能を前提とした流通手段としての貨幣であり，価値としては同一であるが異なった使用価値の商品の交換を媒介している。それは単なる貨幣である。

　しかし，資本は価値増殖してはじめて資本といえる。資本は必ずしも貨幣という形態をとるわけではなくさまざまに形態変換しながら運動するが，さしあたり資本の出発点をまず貨幣とすると，貨幣は価値増殖してはじめて資本としての意味をもつ。たとえば貨幣で原材料や機械を買い，また労働者を雇い，そして商品を生産し，販売して貨幣に変える。これを記号でもっとも単純に表現すると G―W―G'' であるが，この定式が意味をもつためには G と G'' は量が異なり，G よりも G'' のほうが大きくなければならない。資本としての貨幣は価値増殖しなければならない。当初の価値よりも増大した価値部分を剰余価値という。これを記号で書けば $G'' = G + g$ となるが，この g が剰余価値である。

　商品流通である W_1―G―W_2 と資本の運動形態である G―W―G'' との相違はさしあたり運動の出発点の相違にすぎないようにみえるが，G―W―G'' は資本の運動形態を一般的に表現している。それでこの定式を資本の一般的定式と名づけることとする。自己増殖する貨幣，あるいは価値増殖する貨幣，これが資本としての貨幣すなわち貨幣資本である。

　なお，資本をより一般的に定義すると，それは自己増殖する価値の運動体ということができる。

2 貨幣の資本への転化と剰余価値

それでは貨幣はなぜ価値増殖することができるのであろうか。もう一度資本の一般的定式をみよう。G—W—G″ は G—W と W—G″ とに区分できる。流通過程においては価値は増殖しない。すなわち価値どおりの交換が行われているとしよう。そうすると G—W は貨幣で価値どおりに商品を購入したのであるから，価値は変化していない。また W—G″ も商品は価値どおりに貨幣に変わっただけであるから，そこでも価値は変化しない。もちろん価値どおりに商品が販売できるかどうかは商品生産者（ここでは産業資本家）にとっては大問題であるが，さしあたりそのことは問題としない。それでは等価交換であるのになぜ価値は増殖するのであろうか。

もう一度 G—W に注目しよう。問題は貨幣でどのような商品を購入するかである。第１章第１節「労働過程」で説明したように，労働による生産は労働対象と労働手段（あわせて生産手段）が必要である。商品を生産するためには生産手段を商品として購入しなければならない。また労働力も商品として購入しなければならない。資本は貨幣で生産手段と労働力という性格の異なった２種類の商品を購入して生産を開始する。そして生産過程をへて新たな商品が形成される。そしてその商品は価値どおりに販売されるのであるからすでにその商品の価値は増殖されていなければならない。すなわち W—G″ ではなく，W″—G″ でなければならないのである。

そうすると，さきほどの資本の一般的定式はさらに具体化されて，第５図のような定式となる。

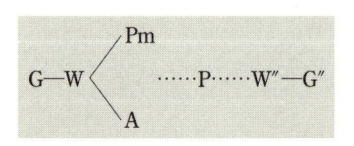

第５図　具体化された資本の一般的定式

$$G—W \Big\langle \begin{array}{c} Pm \\ A \end{array} \cdots\cdots P \cdots\cdots W''—G''$$

ここで，Pm は生産手段，A は労働力，……P…… は生産過程，そして生産された商品はすでに剰余価値を含んだ商品であるから W″ で表す。そしてそれが価値どおりに販売されて貨幣 G″ となる。

3 労働力商品の価値と使用価値

　商品生産によって価値を増殖させるためには，資本が購入した商品は価値を生みだすという使用価値をもった商品でなければならない。すなわちその商品の消費によってその商品の価値以上の価値を生みだす商品でなければならない。そのような特殊な商品はあるのだろうか。**第1章第1節7「労働と労働力」**(22頁)で検討した労働と労働力との相違を思い出してもらいたい。労働力とは人間がもっている肉体的・精神的な能力であり，その発揮が労働である。労働は労働力の使用・消費である。そして資本が買うのは労働力という商品である。資本主義社会は労働力までもが商品となる高度に発達した商品社会である。この労働力商品についてさらに検討しよう。

　労働力も商品であるかぎり，一般の商品と基本的には同じである。ただし，商品といっても労働力商品とそのほかの一般の商品との違いは，一般の商品の場合は販売されてしまえばその商品は購買者のものであり，その商品をどのように使おうが勝手である。極端な例でいうと，高価なミンクのコートを買っても，2～3回着ただけで気に入らなくなり，捨ててしまってもかまわない。もったいないことであるが，それは所有者の自由である。それに対して労働力商品の場合は，労働力はその人間に付着した労働能力であるので，その購入者である資本家は，人間そのものを買うのではなく労働力だけを買うのであるから，人間自身を傷つけるわけにはいかない。もし人間そのものを買い，自由勝手に酷使して働かせるとすれば，それは奴隷であって賃金労働者ではない。むしろ労働力はレンタカーのように，お金を出して一定の時間借りられる商品であると考えたほうがわかりやすい。レンタカーなら，その使用者はそのレンタル時間を契約し，その時間内であればどう車を乗り回そうと自由であるが，その車を壊すことは許されない。事故等で故障すれば修理代等を別途支払わなければならない。労働力の購入者も同様である。労働力の所有者である人間を傷つけることは許されない。労働力の販売者は労働力を一定の料金で一定時間レンタルするのであって，また次の日もレンタルできるようにして返してもらわなければならない。労働者は労働力のレンタルを繰り返し，その賃料によって生活を成り立たせているのである。

　すなわち，労働力商品は時間決めで売買され，かつその商品はまた売買でき

るように維持されなければならないという特殊な商品なのである。

　しかし，労働力商品も商品であるかぎり，価値と使用価値をもつ。それではまず労働力商品の価値とは何であろうか。商品の価値はその生産のためにどれだけの直接的・間接的な労働が投下されたか，いいかえればその生産に社会的に必要な労働時間によって規定される。労働力商品の価値も基本的に同様である。ただし，さきにも述べたように，労働力は繰り返し使えるように維持されなければならない。学生アルバイトのように必要があれば働いて賃金をもらって生活の足しにするのではなく，日々労働力を売ることによってしか生活することができないのが労働者である。それゆえ労働力の価値はたとえ時間決めで売買されるにしても，それは労働者が労働者として生活できる生涯の生活費用の一部であり，明日もあさっても労働力を売って生活を続けること，すなわち労働力の再生産が保障されなければならない。具体的には，労働力の再生産費用はそれを可能にする生活手段を獲得できるものでなければならない。これを労働力の価値にさかのぼって考えると，労働力の価値はそれがいま1日当たり8時間労働であるとすると，1日8時間働いて得た賃金で労働力の再生産が可能な生活手段を取得するが，その生活手段を生産するために必要な社会的平均的な労働時間の総量に帰着することになる。

　商品の価値の実体はその商品の生産に社会的に必要な労働時間であるが，それが貨幣によって表現され，商品の価格となる。同じように労働力の価値も貨幣によって表現されるが，それが賃金である。

　もちろん労働者の生活を再生産するためには，労働者本人の生活費用だけではすまない。その家族の生活費や労働者として必要な知識や技能の習得にこれまでかかった費用やこれからかかる費用等も含まれなければならない。それらの費用の総体をたとえば1日当たりの賃金として換算し，あるいは1時間当たりの時給として換算して獲得しなければならない。賃金の立ち入った理論的検討や具体的な形態については**第6章**で行うが，労働力の価値は労働力の再生産費用であり，そしてさかのぼればそれは労働力の再生産を可能にするだけの生活手段等を生産する社会的な労働時間に帰着するということを確認しておく。

　次に労働力の使用価値について考えよう。一般の商品の使用価値とはその商品の有用性のことであり，その有用性を他人が評価して使うために購入するの

であるが，同じように労働力商品の使用価値とはその有用性を認めて購入者である資本家が商品を買い，そして使うこと，すなわち労働させることである。労働者は資本家の管理のもとで労働するのであるが，労働には二重性がある（第1章第1節6「労働の二重性」参照）。具体的有用労働としての側面と抽象的人間労働としての側面である。そして具体的有用労働の側面が新たに生産された商品の使用価値を形成し，他方，抽象的人間労働の側面が商品の価値を形成する。新たな商品を生産するためには労働対象と労働手段が必要であるが，その労働対象の形態変化によって新たな商品が生産される。その際，具体的有用労働の側面において新たな使用価値をもった商品が生産されるだけではなく，価値としても旧価値が新商品に移転される。たとえば板で本箱を作るという具体的有用労働は，同時に板の価値を本箱に移しているのである。他方，抽象的人間労働の側面において新価値（＝付加価値）が付加される。新商品の価値は旧価値と新価値の合計である。

以上のことを図示すると，第6図のようになる。

第6図　労働力商品の価値と使用価値

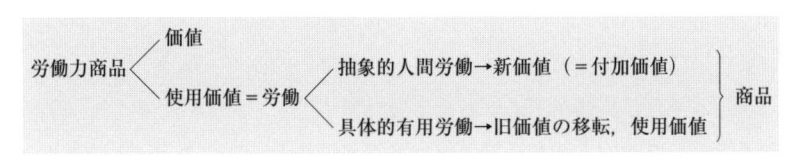

労働力商品 ＜ 価値
　　　　　　使用価値＝労働 ＜ 抽象的人間労働→新価値（＝付加価値）
　　　　　　　　　　　　　　　具体的有用労働→旧価値の移転，使用価値 ＞ 商品

4　価値増殖の実現

以上でようやく剰余価値について検討する準備ができた。それは，労働力の価値と労働によって実現される商品に対象化される価値とは一致しないということである。わかりやすい数値例で説明しよう。以下は価格で表現するが，それは価値あるいはその実体である労働時間がそのまま貨幣で表現されているとする。

いま，本箱をつくっているある工場を想定しよう。そこで1日の賃金が1万円の労働者が100人働いているとする。そして100人の労働者が4時間働いて100個の本箱をつくっているとする。本箱を1個つくるために必要な板類が1

万円である。また機械や工場建物等の1個当たり必要な費用が2000円である。それは機械や建物の1個当たりの減価償却額であると考えてもよい。そして労働者が4時間働いて付け加える価値が1万円に相当するとしよう。そうするとこの本箱の価値は2万2000円である。そしてこの本箱は価値どおりの価格で販売されているとしよう。しかし，この本箱という商品は剰余価値をまったく生みだしていない。すなわちかかった生産手段の費用と賃金の合計が2万2000円であるからである。なぜ剰余価値が生まれないかといえば，それは労働力の価値＝賃金とちょうど等しい価値しか付け加えていないからである。

なおこの場合，100個の本箱の生産にかかった総費用はそれの100倍，すなわち220万円である。その内訳は，生産手段が120万円，賃金が100万円である。

仮にこの工場の資本家は，労働者を8時間働かせて200個の本箱をつくることにしたとしよう。生産量は2倍になったのだから単純に生産手段の価格も2倍必要であるとしよう。しかし労働者に支払う賃金は1万円のままである。それが労働力の1日の価値＝価格であるからである。そうすると200個の本箱にかかる総費用は，生産手段が2倍の240万円であるが，賃金は100万円のままであるから合計340万円である。1個当たりの本箱の生産にかかる費用は，生産手段は変わらないから合計1万2000円であるが，賃金部分は半分の5000円である。総費用は1万7000円となる。しかしこの本箱の価値＝価格は2万2000円である。というのは旧価値である労働手段の価値は1万2000円であり，4時間の労働によって付け加えられた新価値は1万円であるからである。この2万2000円と1万7000円の差額5000円が剰余価値である。

1日に200個の本箱をつくる資本家は，生産手段に240万円，賃金に100万円，合計340万円を使い，2万2000円×200個＝440万円の売り上げを得る。その差額の100万円が剰余価値として資本家のポケットにはいることになる。

剰余価値は単位商品当たりに労働者の抽象的人間労働が付け加えた新価値と，単位商品当たりに支払われる労働力の価値との差額である。資本家は労働力の価値どおりの賃金を支払い，生産された商品を価値どおりに販売している。しかも剰余価値を獲得しているのであるが，その秘密は労働力の価値と労働が付け加えた価値とは一致しないこと，そして労働が付け加えた価値のほうが労働力の価値よりも多いことにある。

もしこれでも理解できないならもっと身近な例をあげよう。たとえば1時間1000円のアルバイトの募集があったとする。そして仮に5時間働くと5000円が賃金としてもらえる。しかしアルバイトを雇う側は，1人雇って5時間働いてもらうと利益（正確にいえば新価値または付加価値）が5000円以上増えるから雇うのである。もしそれ以下しか利益が増えないなら支払う賃金のほうが多くなって利益がマイナスになるから雇わない。これは雇う側の立場に立って考えてみれば当然のことである。

第2節　不変資本と可変資本，剰余価値率

1　資本の形態変換

　資本の一般的定式に戻ると，出発点は貨幣資本であるが，その貨幣で生産手段と労働力を買い，生産を始めるとその資本は生産過程で活動する資本，すなわち生産資本となる。そしてその結果生産された商品はすでに価値が増殖された商品資本である。そしてその商品は販売されて貨幣資本に変わる。その貨幣の額は出発点の貨幣額よりも増加している。このように資本は形態を変化させながら価値を増殖させるのである。しかも通常は貨幣が投下され，生産過程において運動して価値増殖を実現したとしても，それで終わりということはない。とくに労働手段である固定資本は耐用期間がくるまで使い続けることがそもそも前提であるから，生産は1回限りではなく継続される。すなわち再生産されるのが常態である。資本は貨幣資本，生産資本，商品資本，そしてまた貨幣資本という形態変換と循環を繰り返しながら価値増殖を継続してゆくのである。資本の循環と回転については**第8章**でさらに検討する。

2　不変資本と可変資本

　貨幣資本が生産を行うに当たって購入する商品は大きく生産手段と労働力とに分かれる。そして生産過程を通じて商品が生産されるのであるが，その過程における資本はもはや貨幣資本ではなく，生産過程で活動している資本であるから生産資本である。

　その際，生産手段の価値はそのまま新たにつくられた商品に移転される。さ

きほどの本箱生産工場の例でいえば，労働対象である板が労働力の使用価値としての具体的有用労働の働きによって本箱という商品に変形させられるが，同時に板の価値も本箱という商品に移転し対象化される。労働手段の場合は労働対象と違って繰り返し利用されるためにそう簡単ではないが，少しずつその価値は生産物である商品に移転してゆく。減価償却はそうした事実を反映した会計的処理である。そのことについてはすでに説明したので繰り返さない。

なお，**第8章**で詳しく説明するが，原材料等のようにそのまま商品に価値移転する資本を流動資本，機械等のように摩損して使えなくなるまで生産過程に残り，価値としては徐々に商品に移転する資本を固定資本という。価値移転の仕方の相違という視点からみれば，労働対象は流動資本，労働手段は固定資本という区別ができる。

生産手段という商品の価値は，全面的であれ徐々にであれ生産物である新商品に移転する。それゆえこうした資本は旧価値がそのまま移転し，その間に価値の変化はないから不変資本という。生産手段の購入や保全等に投下される不変資本をこれからは c という記号で表すことにする。

次に労働力商品であるが，生産過程で労働として活動することによって新価値を付け加えている。実際には労働力の価値以上の価値を生みだしているのであるが，ともあれ生産活動において価値量が変化する資本であるので可変資本という。労働力の購入に当てられる可変資本をこれからは v という記号で表すことにする。

3 必要労働（時間）と剰余労働（時間）

さらに可変資本としての労働力について分析を続けよう。もう一度さきほどの本箱生産工場の例に戻ると，1日の労働力の価値，すなわちその貨幣表現である賃金は1万円に相当するが，その分の労働時間は4時間である。すなわち4時間の労働によって付け加えられた価値がちょうど労働力の価値に相当するのである。それを必要労働，そしてその労働時間を必要労働時間という。

しかし，労働者は実際には1日に8時間働いている。必要労働を超えて働く労働は資本に剰余価値をもたらす労働である。それを剰余労働，そしてその労働時間を剰余労働時間という。

労働者が働いて旧価値に新価値を付け加えるのであるが，新価値を付け加える労働時間のうち，可変資本として資本が支払う部分は必要労働時間分である。それに対してそれを超えた剰余労働部分は資本家の取り分であり，それが剰余価値である。剰余価値を m という記号で表すと，新価値は v＋m であるということになる。

なお，さきに剰余価値を g という記号で表したが，それは貨幣資本 G を投下して G″ を生みだしたが，それは G が G″＝G＋g に変化したことを示しているのであるから，g と m とは表現の仕方が違うだけで同じ数値になる。この先，剰余価値を，その状況に応じて g や m という記号で表現するが，どちらも同じであると理解しておいてもらいたい。

4　資本の一般的定式と価値

これまで説明してきたことを記号を使って整理しよう。資本はまず不変資本 c と可変資本 v とを投下して生産を開始し，そして商品を生産するが，その商品の価値は旧価値の移転分 c と新価値 v＋m が含まれている。すなわち生産された商品の価値は c＋v＋m である。それが販売されて貨幣として資本は c＋v＋m に相当する貨幣を受け取る。

簡単にいえば資本は c＋v を投入し c＋v＋m を得るのである。

価値とその変化をさきほど示した具体化された資本の一般的定式の**第5図**に書き加えると，**第7図**のようになる。

第7図　第5図に c, v, m を書き加えた図

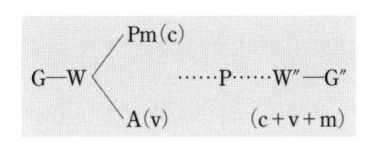

$$G-W \begin{matrix} Pm(c) \\ \\ A(v) \end{matrix} \cdots\cdots P \cdots\cdots W''-G'' \\ (c+v+m)$$

さらに数字を入れると，本箱1個の価値（＝価格）は，次のように表される。

$$W'' = 12000c + 5000v + 5000m = 22000$$

すなわち，資本家は本箱1個当たり1万2000円の不変資本と5000円の可変資

本，合計1万7000円を投下し，2万2000円で販売して5000円の剰余価値を得るのである。

5 剰余価値率

新価値はvとmとに分かれるのであるが，その比率すなわち $\frac{m}{v}$ が剰余価値率である。

さきほどの例でいえば，1日の労働時間のうち，4時間が必要労働，4時間が剰余労働であるので，剰余価値率は100%である。

剰余価値率を m′ という記号で表わし，これまで説明してきたことをまとめると，次のような式になる。

$$剰余価値率\ m′ = \frac{m}{v} = \frac{剰余価値}{労働力の価値} = \frac{剰余労働(時間)}{必要労働(時間)}$$

そして資本はできるだけ剰余価値率 m′ を高めようとする。それが資本の本性である。

第3節 絶対的剰余価値の生産と相対的剰余価値の生産

1 絶対的剰余価値の生産

労働者の1日の労働時間は，必要労働時間と剰余労働時間との合計であるが，まず必要労働時間は1日分の労働力の価値であり，労働力の再生産に必要な生活手段の価値によって規定されるのであるから，ある社会・時代における生活水準に基本的に規定される。もちろん第6章でさらに具体的に検討するように，その水準はかなり可変的であるが，ここではそれは所与の水準であるとする。そうするとそれに対応する必要労働時間もほぼ一定であるといえる。これまでの例でいえばそれは4時間の労働時間に相当する。

これに対して資本が必要労働時間を超えて労働時間を延長し，それによって剰余価値を獲得することを絶対的剰余価値の生産という。剰余労働時間の長さは，最低ゼロ以上からかなりの幅がありうる。資本は剰余価値をできるかぎり増やそうとするから，剰余労働時間をできるだけ長くしようとする。他方，労

働者の側からすれば，労働力の再生産すなわち明日もあさっても健康で働き，それによって賃金を獲得して生活を維持しなければならないから，あまりにも長時間の労働は労働力の再生産を不可能にする。しかも単に生存するだけではなく，一定の休養時間に加えて，文化や教養，娯楽等を含めた人間としての多面的な発達のためにも労働時間の制限と自由な生活時間が必要である。それは労働力の価値の向上にもつながるのであるが，そのために労働時間をめぐる資本家と労働者とは対立関係にある。すなわち労働力を買う資本家はできるかぎり労働時間を長くして絶対的剰余価値を増やそうとし，労働力を売る労働者はできるかぎり労働時間を短くしようとする。それは労働力を売る側と買う側の権利対権利の闘いである。

　なお，労働時間は一定（たとえば8時間）であっても，労働の強度，密度を強化して通常なら10時間かかるところを8時間でやらせることも，絶対的剰余価値の生産になる。すなわちその労働時間は形式的には8時間であっても実質的には10時間に相当するからである。

2　労働時間をめぐる闘争

　労働時間をめぐる闘いは，資本主義の形成期から長く続く資本家階級と労働者階級との階級闘争の重要な争点であったし，現在もそうである。ただ，資本主義を総体として維持するためには，個別資本の利害を優先したあまりにも長い労働時間は労働者の肉体的・精神的な能力を弱め，さらには労働力の再生産を不可能にし，ついには資本主義の発達を阻害することになるから，国家が労働時間の統制に乗りだし，また労働者階級の闘いや労働運動，社会運動のたかまりが国家に労働時間の統制と短縮を強制させた。最初の工場法が制定されたのはイギリスで1802年であり，幼年徒弟の労働時間を12時間に制限した。これが労働時間の法的規制の最初であるが，当初の工場法はその適用範囲が綿工場に限られ，また強制力もなかった。実効性のある工場法は1833年の工場法からである。繊維産業の児童や少年に限ってであるが，9歳未満の雇用と9歳から18歳未満の深夜労働を禁止し，9〜13歳の労働時間を9時間に，また18歳未満を12時間に規制するとともに，この法律の実施を監督するために工場監督官制度が規定された。さらに1847年には18歳未満の少年と女性の労働時間が10時間

に規制されるなどの前進はあったが，資本家はさまざまな工夫をこらして規制をくぐり抜けようとした。

　成年男子を含む労働者全体の労働時間の規制・短縮は遅々として進まなかった。1886年5月1日にアメリカで労働時間を8時間に制限することを要求して大規模なゼネストが敢行された。ストライキは弾圧され，首謀者とされた人たちは処刑されたが，この事件は世界に大きな衝撃を与えた。フランス革命100周年を記念して1889年に各国の労働組合，労働団体，社会主義者等の代表がパリに集合し，国際労働者協会（第二インターナショナル）を再結成するとともに，翌年5月1日を8時間労働制などを要求する国際的連帯行動の日（＝メーデー）とすることが決定された。その後，メーデーは世界各地で毎年実行されてきた。

　日本では横山源之助『日本の下層社会』(1899年)や農商務省編『職工事情』(1903年)，細井和喜蔵『女工哀史』(1925年)などによって当時の労働者の悲惨な状況が明らかにされるとともに社会政策として工場法が1911年に制定され，1916年から実施されたが，イギリスから遅れること1世紀である。しかもその内容は，①15人以上の工場に適用，②最低就業年齢12歳，③15歳未満および女性の最長労働時間12時間，④15歳未満および女性の深夜業（22時から4時）の禁止，などきわめて緩いものであり，しかも製糸業では14時間労働，紡績業では女子深夜労働を認めるなど不徹底なものであった。その後若干改善されたものの，本格的には戦後の労働基準法の制定を待たなければならなかった。

　1947年に制定された労働基準法では，1日の労働時間は8時間，週48時間を上限とすることが定められた。さらにその後改正が続けられて現在では週40時間が上限とされているが，同時に変形労働時間制（1987年）や裁量労働制（1999年）等，その抜け穴もさまざまに導入され，またサービス残業が横行し続けるなど，労働時間の短縮はなかなか進んでいないどころか，長時間過密労働による過労死さえ根絶できていないのが実際である。また，労働力の価値をはるかに下回る賃金しか得られないワーキングプアという状況に置かれ，そのために多くの仕事を掛け持ちして長時間働かざるをえない人々や，労働力の再生産さえままならない人々が大量に存在し，今日の重大な社会問題となっている。

　また，日本以外の先進資本主義諸国においても，戦後労働時間は短縮に向かって大きく進んだが，とりわけ1990年代以降のグローバリゼーションによる

国際競争の激化や情報化の進展とその資本主義的利用等もあって，再び長時間化する傾向が生じている。

労働時間をめぐる問題は決して過去の問題ではなく，『働きすぎの時代』（森岡孝二著，岩波新書，2005年）と特徴づけられるほど，今日の焦点の問題であり続けているのである。

3　相対的剰余価値の生産

理論的な問題に立ち返ると，いま社会的に1日の労働時間が決められているとしよう。そうした条件のもとで資本がより多くの剰余価値を獲得できるためには必要労働時間を減らせばよい。労働力の価値の減少，したがって必要労働時間の短縮によって剰余価値を増大させることができる。そうして実現される剰余価値を相対的剰余価値という。

しかし，労働力の価値の対価どおりに賃金を支払うという法則を維持しながら，労働力の価値の減少はいかにして実現されるのであろうか。労働力の価値は労働力の再生産費用であり，それは基本的には労働者の日常的な生活物資（生活手段）の購入に充てられるから，価値法則を侵害しないで労働力の価値の減少を実現して相対的剰余価値を増大させるためには，結局は総体としての商品をより安価に生産することを可能にするように生産方法を改善・採用すればよいということになる。生産力の発達・労働生産性の向上は労働の節約と同じことであることはすでに説明したが，それは商品生産・資本主義的生産においては，商品の価値を規定する商品に投入される総体としての労働量・労働時間の短縮に帰着する。それゆえ資本主義的生産様式・生産方法の変革・発展は相対的剰余価値の増大に帰着するのである。

4　特別剰余価値とその獲得をめぐる資本間の競争

とはいえ，相対的剰余価値の生産・増大は社会を構成する個別資本の競争を通じて，その結果として実現される。そのメカニズムを説明しよう。

資本主義経済の特徴はなによりもその主体である個別資本相互間の競争にある。資本間の競争は，より優れた生産方法を開発し，より安価に生産して多くの利益を獲得することをめぐって争われる。しかしある個別資本がそうした方

法の導入に成功すると他の資本もそれと同等の，あるいはそれ以上に能率のよい生産方法を開発してさらに安価に生産することを目指す。そうしなければ競争に勝てず，脱落してしまうからである。そうするとどこかの個別資本が開発した新たな生産方法はやがて普及し，それが一般的標準的な生産方法となり，今度はその標準をさらに超えた新たな生産方法を開発することをめぐって競争が展開される。こうしたことを繰り返し，またそれが特定の商品生産についてだけではなく，さまざまな商品生産に関して行われるから，結局労働者が必要とする生活諸手段の価値が総体として低下し，それを反映して労働力の価値も低下する。その結果として相対的剰余価値が増大するのである。相対的剰余価値の生産とその増大は，自己利益の最大化を目指して競争する個別資本の運動の，いわば思わざる共同作業として実現されるのである。

このことを簡単な数値例を使って説明しよう。

いまある商品 W'' は，8時間の労働によって1個が生産されており，その社会的平均的な生産条件が次のようになっているとしよう。

$$W'' = 60c + 40v + 40m = 140 \qquad ①$$

これがその時点におけるその商品の社会的な価値である。剰余価値率は100%である。それを出発点とする。

この時点では，その商品を生産している資本は $60c + 40v$ で合わせて100の資本を投下し，40の剰余価値を獲得している。その商品の社会的価値は140である。

ここである個別資本（Aとする）が新技術あるいは新生産方法を導入して4時間で1個の商品を生産することに成功したとしよう。そうするとその商品の個別的価値は次のようになる。

$$W'' = 60c + 20v + 20m = 100 \qquad ②$$

1日8時間労働で変わらないとすれば，8時間では2個の商品をつくれるから，

$$2W'' = 120c + 40v + 40m = 200 \qquad ③$$

である。

生産量は2倍になったのだから c も2倍必要であるが，1日の労働によって

付加される価値は変わらない。それゆえ1個当たりの商品に付加される価値は従来の半分である。②と③はそのことを示している。

しかしその商品の社会的価値はまだ140である。Aが生産した商品の個別的価値は100であるが，社会的価値は140であるので，Aは100で生産された商品を140で販売できる。すなわち40はAだけが獲得できる剰余価値であり，それを特別剰余価値という。そうするとAが生産した商品の価値の構成は次のようになる。

$$W'' = 60c + 20v + 20m + 40m'' = 140 \qquad ④$$

この $40m''$ が特別剰余価値である。すなわち，Aは20の剰余価値に加えて40の特別剰余価値を獲得しているのである。なお，Aの剰余価値率は $\dfrac{20m + 40m''}{20v}$ で300％である。

また，Aは市場のシェアを広げるために特別剰余価値の40を丸ごと自らのものとするのではなく，たとえば30として商品を売り出すこともできる。そうするとAの商品の価格は130となる。それでもAの剰余価値総額は50である。

しかし，資本間の競争があるから，他の資本も生産方法を改善したり新技術を導入したりしてAに追いつこうとする。いつまでも①の生産水準で140の価値（価格）で販売していれば，競争に負けてしまうからである。

そうすると，いつまでもAだけが特別剰余価値を獲得し続けることはできない。やがてはAが開発した新生産方式が普及し一般化する。そしてAの特別剰余価値はついには消滅する。同時に，その商品の社会的価値は140から100に減少する。

これと同じようなことが他の商品についても行われると，商品全体の社会的価値は低下する。そのために労働力の価値もそれに比例して低下するのである。しかしそれは決して労働者の生活水準の低下や貧困化を意味しているわけではない。労働力の価値は労働力の再生産費用であるが，それは労働者が社会生活を送れるだけの生活手段を商品として取得することができなければならない。生活手段の価値が総体として低下すればそれに比例して労働力の価値が低下しただけであるから，従来のままの水準が維持されているのである。

また，商品として生産されるものは生活手段だけではなく，生産手段もある。

特別剰余価値をめぐる資本間競争によって生産手段の価値も低下する。

そうすると，さきほど例にあげた商品の価値構成は，たとえば次のようになる。

$$W'' = 55c + 15v + 30m = 100 \qquad ⑤$$

この商品の社会的価値は140から100に減少したが，労働力の価値も20から15に減少し，また生産手段の価値も60から55に低下した。そのために剰余価値は②に比べて20から30に増加している。

また，剰余価値率は $\frac{30m}{15v}$ となり，100％から200％へと2倍に変化している。

ただこの数値例はあくまでも例である。あまり正確で完全な数値例とはいえないが，相対的剰余価値はこのように資本主義的生産方法・生産様式の変革によって増加することをわかりやすく示すための数値例としては意味があるだろう。

生産力の増大や労働生産性の向上は，資本主義のもとでは個別資本間の競争を通じて実現される。資本主義経済は相対的剰余価値の生産・増大を実現するために絶えず生産方法の改革や技術革新を推し進めてきた。また生産様式も絶えず変化・発展してきたのであるが，それを大きく段階区分することができる。資本主義的生産様式の発展段階については，章をあらためて検討しよう。

第5章　資本主義的生産様式の諸段階と現段階

第1節　資本主義的生産様式

1　生産と消費の矛盾

　これまで主として生産過程に焦点を当てて検討してきたが，しかし生産物である商品は交換され，分配され，そして消費されなければならない。生産物の購買や販売の過程は流通過程である。そして生産は消費を前提とする。生産がなければ消費はないが，消費がなければ生産もない。とくに現代においては消費の意味・内容すなわち消費欲求の多様性・多面性が生産を規定するというフィードバック過程が決定的に重要な意義をもつようになっている。

　とはいえ，消費に合わせて生産をするというのは実際には難しい。たとえばある自動車メーカーが新車の開発・販売を計画したとする。市場調査をし，流行のトレンドを読み，コンセプトやデザインを決め，自信をもって生産計画を立てても，設計から開発，試作車の生産と実験，そして本格的な生産まで最低でも1年半，場合によっては3年以上もかかるのが現実である。その間に消費者の嗜好が変わったり，景気が落ち込んで消費需要そのものが減退したりなど予想外のことが起こって，期待したほど売れないということが頻繁に起こりうる。逆に予想外にヒットし，生産が追いつかないということも大いにある。

　すなわち生産と消費とは相互に規定しあう関係にあるが，両者のバランスがいつも保たれているわけではない。むしろ資本の本性としてより多くの剰余価値を獲得することを目指して資本は相互に競争しあい，消費水準を超えた生産の拡大が進行し，ついには恐慌による過剰生産の強制的調整を繰り返してきたのが資本主義の歴史でありまた現実である。

　恐慌や景気循環については**第14章**で検討するが，現代においては消費の生産への主導性が高まりつつあるとはいえ，なお過剰生産という問題，さらに一般的にいえば生産と消費とは相互に規定しあう関係にあるとともに矛盾的な関

係にあるという資本主義が内包している根本問題は解決できない。個別資本も業界団体もさらには政府も，この矛盾をできるだけ緩和し，調整しようと努力を続けても，矛盾そのものを解消することはできない。というのも，この矛盾は商品・市場経済，さらにはその高度な発展段階にある資本主義経済が抱えている本質的な矛盾であるからである。ともあれ生産から消費にいたる全体性を認識したうえでの分析の順序として，生産についての考察を続けよう。

　なお，生産といっても当面は物質的財貨の生産であり，サービス商品等の生産については別途考察する。

2　広義の生産様式と狭義の生産様式

　生産様式とは直接的には物質的財貨を生産する過程における生産の仕方・様式のことである。しかし生産された財貨は分配され，消費されなければならない。生産から流通，消費にまでかかわる広い過程における人々の関係の仕方・様式をも理解しなければならない。資本主義的生産様式についても，生産過程における生産の仕方・様式と，生産過程と流通過程とを含んだ包括的な総過程における様式とは区別される。それで，前者を狭義の生産様式，後者を広義の生産様式として区別しよう。生産様式はさらに消費生活を中心とした生活様式とも関係してくるのであるが，そうしたことを念頭におきながら，まずは狭義の生産様式の分析にはいることにする。

3　生産様式を構成する諸要素と資本主義的生産様式

　生産様式は，生産過程における人的要素である労働者と物的要素である生産手段との結合の仕方・方法つまり生産力の社会的かつ具体的な発現方式であるが，資本主義的生産様式とは，その方式を資本が包摂・支配し，人的要素が可変資本，物的要素が不変資本となって剰余価値を生みだす様式のことである。

　資本はより多くの剰余価値を目指して競争しながら生産方法を改変しまた技術革新を推進し，そして労働者の組織・編成を変革してゆくのであるが，すでに**第1章**で述べたように，そこにおける労働手段が道具であるのか機械であるのか，容器であるのか装置にまで進化したのか，また労働対象においてもどのような素材が新たな労働対象として活用されているのか，労働力においてはそ

こにおける労働者の技能や熟練度の水準がどの程度であるか，またその組み合わせや編成がどうであるか，などによって生産様式は相違しまた発展する。資本主義的生産様式はその諸要素の発展段階やその水準，またその組み合わせを絶えず変革してゆくのであるが，それでも一定の発展段階には一定の生産様式が支配的である。以下，節をあらためて資本主義的生産様式の発展諸段階を考察しよう。

第2節　単純協業

1　資本主義的生産の出発点

　資本主義経済は，基礎単位においてある資本家が一定程度の人数の人たちを賃金労働者として雇用し，その剰余価値を獲得して資本家として自立するところから始まる。これを簡単な数値例で示すと，資本家（といってもまだ予備軍である）が1人を雇用し，そこにおけるvとmが次のような状況であるとする。当面cは無視する。

$$60v + 20m$$

　1人に対して賃金として60を支払い，資本家は20の剰余価値を得ている。剰余価値率は33.3％である。この状況では資本家は資本家としては自立できない。将来の資本家は労働者と一緒に働いて，わずかな剰余価値を獲得しているという状況である。まだ自営業に毛の生えた程度である。

　仮にこの資本家が剰余価値を積み立てる等をして3人を雇用することができる規模にまで生産を拡大したとすればどうであろうか。そうすると剰余価値の合計は$20m×3＝60m$となり，ようやく剰余価値が労働者1人の賃金にまで達したことになる。

　それでもまだこの資本家は自立したとはいえない。資本家は剰余価値だけではようやく労働者と同等の生活ができる水準にいたったにすぎないからである。また資本家は生産を拡大するためには剰余価値の一部を生産手段cの購入等に充てなければならないから，自らも労働者と一緒に働かなければならない。

　総理府統計局『事業所・企業統計調査』では従業者4人以下を一つのカテゴ

リーとして分類しているが，事業主と3人の雇用者を合わせると4人になるから，その分類にはいる。そして事業所数の約60％，従業者数の14％がここに分類されるので，今日でもかなりの比重を占めている。ただし，この調査における事業所というのは実際には多様であり，ここで取り上げた数値例がすべてを占めるわけではないが，参考にはなるだろう。

さらにこの資本家が5人を雇用する段階に達したとしよう。そうすると剰余価値の合計は20m×5＝100mとなる。ここまでいたると，ようやく資本家は剰余価値だけで労働者以上の生活水準を実現し，かつ剰余価値の一部を経営規模の拡大や生産方法の改革，新商品の開発などに使うことができる。そして資本家は資本家として自立し，資本活動に専念できるということになる。資本主義経済の基礎単位である個別産業資本はこうして成立するのである。

これは資本主義的生産の成立過程の論理的な説明であるが，それが資本主義の出発点である。

2　協業と資本主義的単純協業

協業とは，同じ生産過程で，あるいは関連のある生産過程で，多くの人々が計画的に一緒に協力して労働するという形態のことである。それゆえ協業は，資本主義にかぎらずどの時代においてもみられるものである。同時にまた協業は，いかに資本主義的生産様式が発達しようとも，その基本形態であり続ける。

資本主義は，さしあたりこれまでの労働手段や生産方法で，資本の力で多くの労働者を一か所に集め，集団的に作業して生産するということから始まる。生産の仕方・方式はこれまでと変わらず，ただ一か所に集積されて資本家の指揮のもとで働くということだけを特徴とする協業，すなわち単純協業が資本主義の出発点における生産様式である。

3　協業の生産力

さきほどの数値例では，賃金労働者1人当たりが生みだす剰余価値は変わらないままで，また剰余価値率も変わらないままで，ただ雇用される労働者がある程度多数になることによって資本主義的生産と資本家の自立が実現されることを説明したが，実際には多数の労働者が一か所に集まって労働するという形

態は，それだけでも新たな生産力上昇と剰余価値の率と量を増大させる要因となる。

それでは単純協業という労働編成によって新たに生まれる生産力要因とは何であろうか。

労働手段は従来のままの手工業的道具である。手工業者は資本に雇用される賃金労働者に変わったが，基本的には従来と同じ手作業で生産している。にもかかわらずそれが生産力の増大につながるのは，第1に，建物や道具等が共同で使用され，消費されるから，相対的に生産手段が節約されるためである。

第2に，一か所で肩を並べて労働することが労働者の競争心や活力を刺激するためである。もちろん一か所に集積されてともに働くことだけで活力や競争心が高まるわけではなく，それを発揮できるように資本家が指揮・監督することによってであり，あるいは賃金等もそうした刺激を高めるように工夫されることによってである。

第3に，個々の労働者は基本的には従来と変わらない作業を行うとはいえ，一か所に集まっているから，たとえば一人では不可能な重いものを運んだり，お互いの作業を手伝ったり，集団でしかできない作業をすることができるために，生産力は高まるのである。

さらに雇用される労働者の数が増え，資本が獲得する剰余価値が増えると，資本家は直接的な生産現場である作業場の指揮・監督を特別な種類の労働者に任せることが可能になる。単純協業という生産様式のなかに，指揮・監督労働者と直接的作業労働者という分業が導入される。そうなると資本家は，労働者の指揮・監督以外の資本家的業務に専念できるのである。

第3節　マニュファクチュア

1　作業場内分業

マニュファクチュアは工場制手工業と訳されることが多いが，正確にいえば，マニュファクチュアは，分業にもとづく協業という労働編成を新たな生産力上昇要因として導入した資本主義的生産様式である。この分業は社会的分業ではなく，作業場内分業であるが，共同体内部において性や年齢等の区別によって

自然発生的に分業が生じるのと同様に，作業場内においても分業が発生する。作業場に多数の労働者が集積されると，作業内容が本来もっている複雑さや多様性のために，個々の作業が分化する潜在的可能性をすでに内包している。ただし作業場内分業は，分化した諸作業が共同で働く労働者によって代わる代わる担われるのではなく，特定の労働者に固定的に担わされることによってはじめて本格的なものになる。

2 分業の生産力と資本・賃金労働関係の変化

　作業場内に分業が導入されるためには，その前提として資本家が自由に労働の編成を決めることができなければならない。そして分業にもとづく協業という労働編成をとることによって，手工業的熟練が依然として生産過程の基礎でありながら，各労働者は細分化された作業の一つに張りつけられ，その部分的機能に適応させられ，その特定作業にのみ熟練した労働者に変化する。さまざまな種類の部分熟練労働者の分業にもとづく協業編成がマニュファクチュアを特徴づける第一の生産力上昇要因である。

　しかし，マニュファクチュア段階における生産力上昇要因はそれだけではない。この段階における労働手段はもちろん道具であるが，労働が職種別・作業別に細分化されると，それに規定されて労働手段にも変化がもたらされる。すなわち，以前は相対的に万能的な用途に用いられていた道具が，部分熟練労働者によって特殊な専門的作業にのみ用いられるようになり，その結果，道具も特殊作業に適合させられて分化・専門化し多様化してゆくのであるが，それもまたマニュファクチュアを特徴づける生産力上昇要因である。

　なお，道具の種類が増えることは当然ながらそれらを生産するさまざまな手工業が登場し，発達するということでもある。すなわち，作業場内分業の発達は社会的分業をも発達させるのである。

　一方，生産関係としては，分業関係が組織されるとともに資本と賃金労働との関係についても，資本による労働者支配がいっそう強化される。労働者は特定の作業にのみ特化された部分熟練労働者となり，特定の資本の支配を離れて別の資本のもとでの労働に就こうとしても，それに適した職場はきわめて限定されてしまう。そのために，労働者の資本に対する従属がいっそう深まるので

ある。

　ただし，資本にとっても，生産過程全体が部分熟練労働者による分業組織になると，ある労働者がやめてしまうとその穴を埋めることは容易ではない。1か所でも作業が滞ると，生産過程全体に波及して作業の進行に支障をきたすからである。部分的作業といえども程度の差はあれ熟練が要求されるから，その作業を一人前にできるまで誰かを教育訓練しなければならない。それには一定の時間がかかるから，資本にとっても簡単には労働者を入れ替えることはできないのである。

3　マニュファクチュアの二つの発生形態と存在形態

　マニュファクチュアは二つの違った経路をたどって発生する。

　一つは，単純協業に分業が導入され，一連の作業を分解して有機的に再編成し，各労働者は特定の作業に張りつけられてその作業にもっぱら従事するようになるという道である。そうして形成されまた存在しているマニュファクチュアを有機的マニュファクチュアという。アダム・スミスの『国富論』（1776年）では分業の効果の例として，ピン製造工場の様子が詳しく紹介されている。針金を金槌でたたいてまっすぐに伸ばす作業，それを一定の長さに切る作業，先を尖らせる作業，ピンに頭をつける作業，ピンに油を塗る作業，何十本かごとにまとめて油紙で包む作業等であるが，これは典型的な有機的マニュファクチュアである。

　なお，さきに取り上げた単純協業は，論理的には資本主義的生産様式の出発点であるが，現実には単純協業が形成されるとただちに分業が導入されるのが一般的である。それゆえ単純協業は独自の資本主義的生産様式というよりも，マニュファクチュアの初期形態（＝初期マニュファクチュア）と位置づけられる。

　もう一つは，従来は独立していたさまざまな手工業者たちが，同一の資本家のもとで一つの作業場に統合され，これらの労働者の集団的な力によって生産物が形成されるようになるという道である。現代の例でわかりやすく説明すると，たとえば1軒の家を建てる場合，建物の土台づくりを専門とする人，壁塗り工（左官屋），大工，配管工，配線工，屋根葺き工等のさまざまな専門職の

人たちの共同作業が必要である。さまざまな専門的手工業者たちが同一の資本のもとで賃金労働者として集積され，それぞれが異なった作業をするマニュファクチュアを異種的マニュファクチュアという。

ただ，いずれの場合においてもマニュファクチュアの生産物＝商品は，自立的手工業労働者の個人的生産物から，部分的諸労働の結合による社会的生産物に転化している。そしてその生産物はいうまでもなく資本の所有物であり，資本の価値増殖の手段である。

第4節　機械制大工業──（1）軽工業段階

1　機械と労働

労働手段が道具から機械へと変化・発達し，機械が生産過程における中心的な労働手段に達した生産様式を機械制大工業という。そして産業革命とは，さまざまな種類の機械の発明・発達・普及によって支配的な生産様式がマニュファクチュアから機械制大工業へと移行するプロセスのことである。産業革命はいつ頃からいつ頃までを指すのかは諸説があるが，その先頭を切ったイギリスでは1760年代から1830年代まで，日本では1880年代後半から日露戦争（1904～05年）頃までの約20年間とするのが通説である。

それでは機械とは何であり，道具とはどこが違うのであろうか。じつはこの区別は技術学的にはかなり難しい。複雑な道具が機械であるとか，道具を組み合わせたものが機械であるとかというのでは機械の定義にはならない。そこで誰がみても機械であるといえるような発達した機械を想定し，その内容をみてみよう。そうすると機械は三つの構成要素から成り立っていることがわかる。その構成要素もまたそれぞれが機械あるいは機構であり，それゆえ正確にいえば機械体系であるが，機械体系を構成するのは次の三つである。

一つは作業機である。作業機は道具の場合と違って労働対象に直接働きかける道具部分の制御（コントロール）は，人間の手を離れて機械の機構によって行われている。機械の本質はなによりも人間の手の道具が機構に移されることによって，その運動と働きが労働者の肉体的な諸制限から解放され，独立していることにある。具体的にいえば，道具の場合は人間が直接使用できる道具の

数は手の数によって限られているが，機構によって動かされる道具の数は人間の肉体的制限から解放されている。

たとえば綿の繊維束から糸を撚りあわせ，引き伸ばしながら巻き取って綿糸をつくる作業は，紡錘や糸車などさまざまな道具が改良されて行われてきたが，それでも1人の人間が紡いで巻き取るための道具を操作できるのは1台に限られる。しかし産業革命期に発明されたジェニー紡績機は，初期のものでも1台で8個の紡錘を回転させて巻き取ることができた。現代の紡績機械は数千個から数万個の紡錘を一挙に回転させて糸をつくることができる。

もう一つは原動機（動力機）である。道具の場合には道具を動かし労働対象に働きかけるためには肉体的な力が必要であったが，それが原動機に置き換えられることによって動力的労働からも人間は解放された。もちろん人間の力以外に風力や水力，蓄力（牛や馬を利用した農耕や運搬など）も早くから使われていたが，原動機としてなによりも画期的であったのは蒸気機関の発明であり，実用化であった。さらにガソリンエンジン，ディーゼルエンジン等の内燃機関の発明，電力発電や電動機の発明と実用化へと続いた。

そして原動機による動力を作業機に伝える役割を担うのが伝導機構である。運動を調節し，必要があれば運動の形態を変化させて伝達する。ベルトのような簡単なものから，トランスミッション（ギア等のこと）やシャフト，発電機や電動機で生みだされた電気エネルギーを一定の電流や電圧にしてケーブル等を通じて作業機に伝える装置などがそれに当たる。ただし今日では動力機あるいは作業機に伝導機構の機能の多くが組み込まれ，伝導機構それ自体は電線等の動力を伝える機能に単純化されてきた。

原動機は人間の力をはるかに超えた巨大な，しかも定常的（コンスタント）な動力を生みだした。その動力は伝導機構によって作業機に伝えられ，作業機はそれによって定常的で精密な運動を繰り返すことが可能となった。

次に機械のもとでの労働の内容をみることにしよう。

まず，機械とそこにおける労働を図示すれば，**第8図**のようになる。

対象に直接働きかけるのは作業機であり，人間は機械に情報を投入し操作することによって機械を制御する。その場合，情報は数値や記号として客観化されており，人間は数値や記号に変換された情報（データ）を，ダイヤルを調整

第8図　機械（体系）と労働

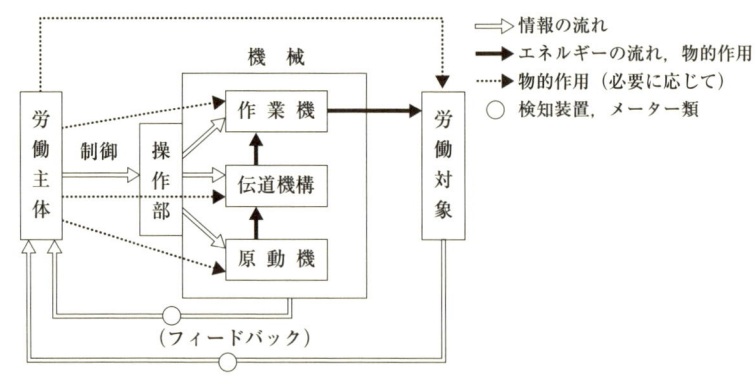

⇒ 情報の流れ
→ エネルギーの流れ，物的作用
‥‥▶ 物的作用（必要に応じて）
○ 検知装置，メーター類

（労働主体）─制御→（操作部）→機械［作業機／伝道機構／原動機］→労働対象
（フィードバック）

したりスィッチやハンドル，レバー等を操作することによって機械に投入する。情報が労働から分離し，操作可能な記号の系列や数値となり，そうした情報にもとづく機械の制御が機械段階の労働を特徴づけるのである。

　この場合，情報の流れは図のように大きく二つに分けられる。一つは，人間が機械に対して投入する入力情報である。そしてもう一つは労働対象の変化や機械の作動具合など作業中や作業結果から得られるフィードバック情報である。この場合の情報はメーター類で検出される数値などに客観化された情報と，こうした検知装置ではとらえきれない微妙な色合いや光沢，感触，臭いなど，人間の五感による判断に依存せざるをえない情報とがある。人間は検知装置等の助けを借りながらそれらの変化を読み取り，それを評価・検証して，場合によれば情報を入れ直しながら機械を制御・運転するのである。

　機械段階における情報は数値や記号として可能なかぎり客観化される。そうなれば機械の操作や運転の仕方も客観化することが可能となる。それがマニュアルである。だから労働者はマニュアルどおりに機械に数値や記号化された情報を投入し，また検知装置等から得られる情報を読み取り，それもマニュアルどおりに解析し，情報を入れ直して機械を制御することができる。そのかぎりでは人間の労働は肉体的な力からも，手工業的な熟練からも解放され，マニュアルに従った単純労働へと変化する。

　しかし情報の客観化による労働のマニュアル化は，機械段階では限界がある。

たとえば原材料の微妙な変化や機械の個性，調子等を瞬時に把握し，投入すべき情報を適切に調整操作することができるかどうかが生産性や品質を左右する場合が多く，客観化されない情報の把握と判断という意味での新たな機械熟練が程度の差はあれ必要である。機械の発達は一方では熟練をできるかぎり排除するが，他方では新たな機械熟練を必要とするのである。

2　機械の発達方向

　機械の発達の一つの方向は，いうまでもなくいっそうの自動化である。それは人間が投入すべき情報の種類を減らし，また投入の仕方も簡略化・単純化する方向で発達する。身近な機械では，3段変速や4段変速の自動車がオートマチック車に進化したり，二槽式洗濯機から脱水・乾燥までが自動化された全自動洗濯機へなど，数限りなくある。

　他方，たとえば作業中に不具合が生じると自動的に停止したり，圧力や温度を一定に保つ装置が開発され利用されるなど，自動処理して人間が判断・処理すべきフィードバック情報を少なくしたり簡略化する方向での自動化である。いずれの場合も労働の関与をできるだけ減らし，また関与の内容を単純化，マニュアル化することになる。

　もう一つの機械の発展方向は，体系化＝システム化である。その場合，一つは多くの種類の機械が配列され，労働対象がそれぞれの機械を順次へることによって加工・変形され，最終生産物にまでいたることである。そして機械のこの面における発達は，それまで独立していた諸機械が組み合わされてその独立性をしだいに失い，大きな連続的な一つの機械体系にまで達する。トランスファーマシンはそうした機械の代表的なものである。それは多数の各種自動加工機と一定の時間間隔で順に加工対象物を搬送する機械とが結合した機械であり，すでに1950年頃にアメリカの自動車生産工場で使われたシリンダー・ブロック製造用のトランスファーマシンは，長さが100メートルにも達し，104か所のステーションで555種の作業を行い，それらすべての工作と検査を自動的に進め，工具の摩滅も自動的に測定し，取り替えが必要なときは関係ある部分だけが自動的に停止し，残りの部分は途中のたまりの助けをかりて作業を継続し，1時間に100個を生産する能力をもっていたといわれている。

もう一つの体系化は，一つの原動機を中央自動装置とし，それと多数の作業機を伝導機構で結びつけ，一挙に運転するという方向での発達である。とくに発電所が建設され，そこから送電線によって電力の供給を行ったり，電動機（電気モーター）が実用化されて以降は，こうした形での機械の体系はむしろ一般的となった。

　しかもこの二つの方向での体系化は実際には融合しながら進行しており，さきほど例にあげたトランスファーマシンは，後者の体系化でもある。

　以上，機械の発達方向として自動化と体系化とを一応区別して取り上げたが，これらも実際には相互に結びつきあいながら進行した場合が多い。

　さらに別の視点からみた機械の発達がある。それは専用機械化と，逆の汎用機械化への発達である。機械の専用機化は，ちょうどマニュファクチュアによって道具の分化・専門化が進行したのと同じく，特定の形状の部品等の大量生産のためには，あらかじめ機能の限定された，しかし高性能の機械が開発され，そして各種の専用機械を有機的に配列して順次完成品にまで仕上げるという生産システムが形成されていった。

　逆に多品種生産型の産業や工程においては，専用工作機械ではそれを多数用意しなければならず，またそれぞれの稼働率も低くなることから，むしろ1台の機械で多数の作業をこなせる汎用工作機械への発達が進められた。

3　資本主義的生産様式としての機械制大工業

　機械制大工業は，労働手段が機械に進化し，それらが体系的に編成され，他方，労働者は機械の体系に従って配置・編成される資本主義的生産様式である。労働者の組織編成だけをみればマニュファクチュアと同様に分業にもとづく協業であるが，それはあくまでも機械の体系的な配置・編成に従属した編成である。

　機械は基本的には24時間操業が可能であり，しかも技術革新が絶えず起こるために，資本は物理的に機械が摩損し，動かなくなるまで動かすよりも，できるかぎり早く機械を償却して新しい機械に置き換えようとする。そのためにはたとえば1日に8時間動かすのではなく，24時間フルに操業させることが資本にとっての本性である。機械の資本主義的利用は，労働者の負担を軽減させるのではなく，逆に長時間労働をもたらし，また2交代制や3交代制が導入され

ることになる。さらにまた，機械のスピードを可能なかぎり速め，より多くの生産物の生産を可能にしようとする。しかしそれは労働の強度を高め，労働者の肉体的・精神的な消耗をもたらすことになるのは必然である。

次に，生産過程における労働力の構成をみよう。

第1に，機械体系が労働手段の中心となれば，生産過程においてこれまでは部分的であれ手工業的な熟練を必要としたが，機械の自動的な運動によって必要とされる労働は，その多くがなんの熟練も，また肉体的な力も必要としない単純な労働が大きな比重を占めることになる。それによって工場の労働力構成はマニュファクチュア段階とは一変した。資本の本性としてできるかぎり労働コストを引き下げるために，児童や女性が労働過程に大量に動員された。もちろん単純労働といっても分野によっては材料の運搬や製品の運搬などある程度は力の必要な労働はある。そのためにそうした単純労働に従事する成年男子労働者も当然必要である。ただ，労働が単純化すると，これまでよりもはるかに労働力の価値そしてまた賃金も引き下げられるから，これまで成人男子労働者が家族の扶養費までその賃金でまかなっていたことからすれば，いわば一家総出で働くことによってようやく家族が家族として生活することができるレベルにまで1人当たりの賃金は引き下げられる。

第2に，機械労働は新たな機械熟練の労働者を必要とすることである。いくら自動化が進んでも，機械の運転・制御のためには程度の差はあれ人間の五感や経験を必要とする。自動車がいくらオートマチック車に変わろうとも，素人では運転できないことや，運転免許をもっていても運転のうまい人もいれば下手な人もいるのと同様である。

第3に，機械の修理や保全，さらには生産過程の編成の仕方の改善等にたずさわる各種の技術者，エンジニアが必要である。彼らは生産過程につねに張りついているわけではないが，何かがあれば直ちに対応する一定の科学的・技術的能力をもっていなければならない。また工場の管理・監督者も必要である。

そのほか，直接的生産過程とは別に，新たな機械や素材の開発に携わる研究開発者や，直接的管理以外に機械や原材料の調達に携わる労働者，簿記や会計などの事務作業に携わる労働者等が必要である。

機械制大工業のもとでは，直接的生産過程に限ってもかなり多種類の，しか

第9図 労働力の価値と労働者の構成についての概念図

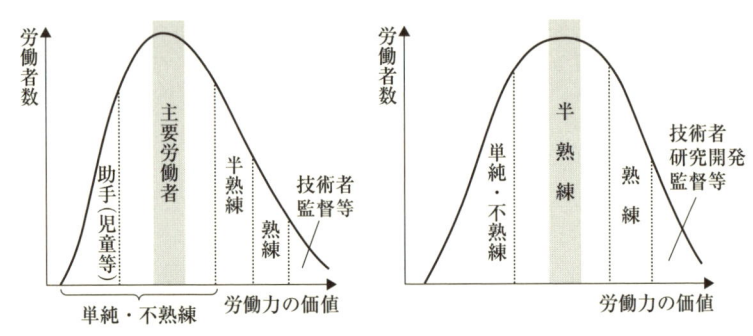

① 19世紀軽工業段階

縦軸：労働者数／横軸：労働力の価値

左から：助手（児童等）／主要労働者／半熟練／熟練／技術者監督等
「単純・不熟練」の範囲は助手〜主要労働者

② 20世紀重化学工業段階

縦軸：労働者数／横軸：労働力の価値

左から：単純・不熟練／半熟練／熟練／技術者 研究開発 監督等

③ オープンネットワーク型生産様式段階

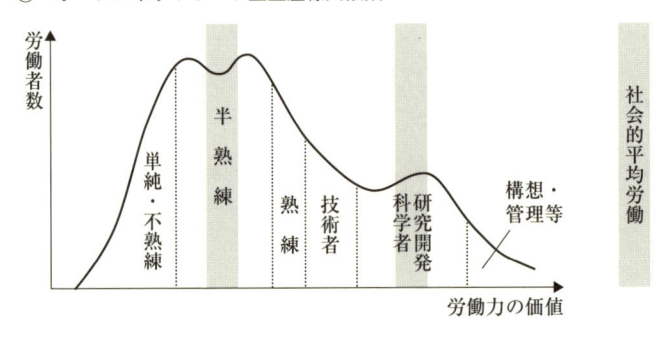

縦軸：労働者数／横軸：労働力の価値

左から：単純・不熟練／半熟練／熟練／技術者／研究開発 科学者／構想・管理等／社会的平均労働

も一定のヒエラルキーをともなった労働者総体における分業にもとづく協業編成をとることになる。そして彼ら総体が資本のもとでの剰余価値生産を担うのである。

　機械制大工業が全面化した段階における労働者の構成を図示すると，第9図①のようになるだろう。さまざまな労働者によって生産過程は構成されているが，圧倒的多数は単純・不熟練の労働者であり，彼らが主要労働者であることを示している。ただしこれはあくまでも概念図である。この図についてはあとでさらに検討する。

4　労働者階級の反撃と労働運動

　産業革命の進展と機械制大工業の普及は，さまざまな社会問題を引き起こし

た。なによりもまず労働者総体の貧困化が深刻化したことである。とくに女性や児童が過酷な労働現場に投げだされたことは，労働力の再生産自体を危うくさせ，ひいては資本主義の存続さえ困難になる。そのために総資本の利害を代表する国家が，資本主義体制の維持のためにも個別資本による労働者の酷使の規制に乗りだした。それが各種の工場立法である。児童労働の制限と初等教育の義務づけ，女性の深夜に及ぶ長時間労働の規制，工場における衛生状態の規制や改善等がそのなかに含まれる。そうした規制は，労働者階級の闘争の成果でもあるが，個別資本はさまざまな抜け道を探しながらその実施に抵抗した。

　こうした規制はまず産業革命の先頭を切ったイギリスにおいて19世紀初頭から実施されたが，すでに**第4章第3節2「労働時間をめぐる闘争」**（63頁）でも簡単に説明したように，法律がどの程度進んだものに改正されたか，また実際の実施状況はどうであったかは，まさに階級闘争の力関係によって規定されるのである。

　イギリスでは労働組合の結成は団結禁止法によって規制されていたが，1824年に同法が撤廃されると多くの労働組合が相次いで結成された。労働組合は労働運動の主体として工場法の改正や労働時間の短縮等の運動を展開した。また，労働組合は普通選挙権の獲得などのさまざまな社会運動の有力な構成部隊でもあった。ただし，19世紀の労働組合は，基本的には各種の熟練工たちによってそれぞれ職種別に組織され，労働時間の制限やどこの資本（企業）のもとで働こうとも同一職種であれば同一賃金を要求し，また賃金の改善等を目指して闘った。しかし，19世紀末になると職種にとらわれない一般労働者の組合も結成され，また職種別組合を統合した産業別組合が主流となった。

　ここでは19世紀に限らず，現代までの労働運動の推移を簡単に跡づけることにするが，イギリスでは労働者階級の利害を代表する政党である労働党が結成され，戦後は政権を担うになるまで力を伸ばした。しかし反組合主義を掲げる保守党のサッチャー政権の登場（1979年）によって労働組合や労働運動は大きな打撃を受け，現在でもその力量の回復にはいたっていない。

　日本では労働組合の結成や労働運動は，戦前はさまざまな規制のもとにあったが，戦後諸規制が解除され，労働組合法（1945年）等の制定によって労働組合の結成が合法化されて大きな前進を遂げた。

その後，労働運動の発展ともあいまって，労働条件の改善は傾向として日本でも進み，男女雇用機会均等法（1986年）が施行されるなどの前進があったが，それと引き換えに女子保護規制が緩和された。1990年代中頃以降，規制緩和・新自由主義の流れは労働規制にまで及び，労働基準法の女子保護規定が撤廃されたり，労働者派遣法（1986年施行）が相次いで改正され，1999年には原則自由化，さらに2004年には製造業への派遣まで解禁されるとともに，原則1年から3年への派遣期間の延長などの規制緩和が進んだ。またこの間，正規雇用から非正規雇用への置き換えが大規模に進行した。『労働ダンピング』（中野麻実著，岩波新書，2006年）とか『雇用融解』（風間直樹著，東洋経済新報社，2007年）といわれるほど労働者総体としての労働条件は悪化し，『時代はまるで資本論』（基礎経済科学研究所編，昭和堂，2008年）という19世紀に逆戻りした様相さえ生じている。日本の労働組合は正規雇用者を構成員とする企業別組合が主流であることもあって，労働運動はこうした事態に対して十分な対応ができていない。

しかし，労働力の再生産が可能な条件をつけて労働力を売ることは労働者としての当然の権利である。労働力の再生産さえ危ういという状況は資本主義体制自体を弱体化させ，その存在の自己否定につながるとともに，そうした状態を打破し改善させる反撃や運動もまた強まらざるをえない。企業別組合の枠を超えた多様な組織や運動が展開され，社会的な注目や関心を集めるようになった。そうしたことを反映して行き過ぎた規制緩和を見直そうとする『労働再規制』（五十嵐仁著，ちくま新書，2008年）の動きも見られる。しかし，それが実効性のある規制につながるのかどうかは予断を許さない。現段階は資本と労働との労働力の売買をめぐる新たなせめぎあいの局面にある。

第5節　機械制大工業——（2）重化学工業段階

1　自由競争の資本主義から独占的競争の資本主義へ

本来は第7章で説明することであるが，先取り的に最低限のことを述べておかなければならない。

各産業部門において多数の個別資本が競い合って競争するという自由競争の資本主義体制において，資本の集積と集中が進行すると，しだいに各産業部門

において少数の巨大資本が形成されてゆく。そして少数の寡占的大資本（＝大企業）が生産量や価格を支配する力をもち，独占的な高利潤を恒常的に獲得する体制が形成されていった。寡占的大資本が協調しながら競争し，そして市場支配と高利潤を享受するという体制を独占的競争の資本主義あるいは簡単に独占資本主義というが，先進資本主義諸国において19世紀末から20世紀初頭にかけて相次いで独占資本主義が支配的な段階に移行した。

　独占資本の支配と独占利潤の源泉は，高度な技術力と大量生産によるコストダウン，参入障壁の形成，ブランド力などさまざまな要因があるが，その立ち入った検討は省略せざるをえない。ただ，**第4章**で述べた特別剰余価値の獲得を目指す資本間の競争において，自由競争の段階では個別資本が獲得する特別剰余価値は一時的なものであり，やがては消滅するということを繰り返していたのに対して，独占資本主義の段階においては特定の寡占的大資本が特別剰余価値を恒常的に獲得できる段階にいたったということを指摘しておく。

　なお，今日でも大資本優位の体制にあることは，たとえば財務省『法人企業統計調査』における資本金規模別売上高経常利益率において，資本金10億円以上は4.8％，1億円〜10億円3.1％，1000万円〜1億円2.0％，1000万円未満0.3％（2010年度）という厳然たる格差が存在していることからも明らかである。

2　軽工業段階から重化学工業段階へ

　物質的財貨を生産する産業（工業あるいは製造業）は，大きく軽工業と重化学工業とに分けられる。軽工業は繊維，衣服等の繊維製品，食料品等であり，重化学工業は鉄鋼，非鉄金属，化学，機械4業種（一般機械，電気機械，輸送用機械，精密機械）等であるが，軽工業と重化学工業との区分はそれほど科学的根拠のある区分ではない。それでも資本主義の発展段階を理解するうえではこうした区分も一定の有効性をもっている。すなわち資本主義経済の初期には紡績や衣服等の繊維を中心とする軽工業が大きな比重を占めていた。産業革命期に労働手段が機械化されるとともに，労働対象においても鉄鋼や石炭製品（コークス等）が大量に必要とされるとともにその製造における技術革新が行われた。また染料などの化学工業製品の量産も必要とされ，そのための技術革新も進んだ。それゆえ重化学工業が発達したとはいえ，繊維を中心とする軽工

業が大きな比重を占め続けた。

　一般的にいえば，軽工業は設備投資資金がそれほど必要ではなく，機械の技術水準もそれほど高くないことから，不変資本に対して可変資本の比率が高い労働集約的な産業であった。それゆえ資本の新規参入が比較的容易である。その場合の労働は，機械化が進んでもなお人手がかかり，しかも肉体的な力はそれほど必要とはしない労働が中心であるために，児童や女性でもできる単純労働の比率が高いという特徴をもっていた。前節で軽工業段階の機械制大工業における労働力構成の概念図（第9図①）で示したように，単純・不熟練の労働者の割合が高いのも，繊維産業が大きな比重を占めていたことが一因である。

　それに対して重化学工業は，一般的に設備が巨額であり，また生産技術のレベルも高く，そのために不変資本が可変資本に比べて相対的に大きい資本集約的な産業である。また労働は機械熟練が軽工業に比べて高い比率を占める等のために，個別資本が新規参入するのは困難をともなう。

　資本主義が発達し，生産力が上昇すると軽工業に比べて重化学工業の比重が高くなる。重化学工業は素材生産型産業と加工組立型産業とにさらに区分できる。素材生産型重化学工業の多くは装置産業でもあるためにとりわけ資本集約的であり，かつ規模の経済性が大きい。それゆえ原料生産にかかわる鉄鋼業や石油精製業が，新技術の発明や改良による量産化が可能になったこともあって19世紀後半に急速に発達するとともに，それらの産業において激しい資本間競争が展開され，その結果，19世紀末から20世紀初頭にそれらの部門において少数の支配的資本が形成され，資本の集中と寡占体制が形成されていった。

　加工組立型重化学工業は素材生産型に比べるとそれほど資本集約的ではないが，高度な技術が必要とされる部門や量産型の部門においては生産方法の革新等に成功した資本によってしだいに独占が形成されていった。たとえば自動車産業（産業分類上は輸送用機械に含まれる）は，アメリカでは1900年頃には自動車組立メーカーは1000社以上が乱立して激しい競争を展開していたが，その生産方法はちょうど異種的マニュファクチュアのように1台ごとに各種の専門的労働者が寄り集まって組み立てていた。それに対して1910年代にフォード社がベルトコンベアによる流れ作業方式を採用して低価格車の大量生産に成功し，一挙に支配的な地位を築いた。いわば有機的マニュファクチュアの機械制大工

業版である。

　19世紀末から20世紀初頭にかけて重化学工業化が進行するとともに独占資本主義への移行が始まったのであるが，重化学工業は独占資本主義の産業的基盤でもある。

　なお，重要なことは，重化学工業の多くは直接的・間接的な軍事産業でもあることである。それゆえ資本主義の発達によって自然に重化学工業化が進んだわけではなく，帝国主義化とともに国家的に保護・育成されることによって発達したのである。

　たとえば，飛行機は20世紀初頭に飛行に成功したが，実用化は遅々として進まなかった。しかし第一次世界大戦が勃発すると当初は偵察機として，そしてしだいに爆撃機等として改良が加えられ，実用化が加速された。そのほか帝国主義化と戦争やその準備のためにその発達が加速化されたり，実用化が進められた重化学工業関係の諸産業や諸製品は限りなくある。

　ただし，重化学工業の発達はそのまま軽工業の衰退を意味するわけではない。繊維産業のような素材生産型産業や，ビールやレトルト食品のような食料品産業は，いまや重化学工業の技術を取り入れたきわめて大量生産型の産業となっており，単純に重化学工業は資本集約的，軽工業は労働集約的とはいえなくなっている。そして軽工業と重化学工業という区分の意味も薄れているのであるが，そうしたことも含めて重化学工業段階を理解する必要がある。

3　労働の内容と労働力構成の変化

　20世紀独占資本主義段階，そして重化学工業段階において，労働の内容や労働力の構成はどのように変化したのであろうか。ここでの検討は同じく概念的なものである。

　まず工場法等の規制によって児童は工場から排除され，また女性の長時間労働や深夜労働も規制され，単純な組立作業や縫製作業等を除くと，成人男子労働者が主力となったことである。

　自動化の進んだ量産型の生産過程では，自動的に運動する機械体系の運転，監視，制御に携わる労働については，かなり高度な知識と熟練，そして緊張を要する労働から，多少の知識と熟練で十分な労働まで大きな幅があるが，総体

としては半熟練・半知識労働が主体となったということができる。

多品種生産型の主として加工工程では，汎用工作機械を用いて加工順序や治具・工具を選択し，対象を機械に取りつけ，機械を操作して加工し，そして加工が終われば取りだすという生産における一定の構想と実行がともなった労働が中心となるが，これは機械体系や工程についての一定の技術学的な知識とともに，かなりの熟練が必要な労働であり，その程度が生産性や品質を大きく左右する。

組立工程においては，工具や素手で部品をはめ合わせたり，ねじを締めつけたりする手作業的労働が中心であるが，基本的には不熟練あるいは半熟練労働が多い。

以上が直接的生産過程における労働であるが，ほかに特定の機械体系や工程について働くのではないが，生産過程において必要な準直接的労働として，材料の運搬や片づけ，梱包，清掃などの補助的な単純労働が一定の割合を占める。

他方では，機械体系が複雑化・高度化し，また労働力構成が多様化することから，生産過程における部品や材料の手配，労働編成や作業手順の決定，監督などの生産管理労働の重要性が増すとともに，管理の方法も科学化・体系化されてゆく（成行き管理から科学的管理へ）。

また機械の修理，保全や改善等の高度な専門的・技術的労働の比重が軽工業段階よりも高まる。

そして間接的労働は，まず新製品の開発や新生産方法の開発等に携わる科学労働あるいは研究開発労働のウェイトが軽工業段階よりも高まる。

また事務労働が複雑化・多様化するために，その比重が増大する。

そうすると，総体としては軽工業段階よりも生産過程にかかわる労働者の労働内容は高度化し，そして労働力構成も単純・不熟練労働が中心であるとはもはやいえず，**第9図②**のように，半熟練労働が労働力構成の中心を占め，それにともなって全体としての労働力の価値も上昇するということができる。なお，労働力の価値とその変化については，**第6章**であらためて検討するので，当面は労働者の構成について注目していただきたい。

第6節　オープンネットワーク型生産様式

1　戦後「資本主義の黄金時代」の終焉

　戦後の先進資本主義諸国は，一方では米ソ「冷戦」を抱えながら，むしろそれを成長の条件として，金・ドル本位制と固定相場制，段階的な貿易自由化，そして石油の安価で安定的な供給・確保等の国際的な枠組みのもとで，長期にわたって安定的な経済成長を続けた。重化学工業を中心とした大量生産・大量消費の時代の本格的な到来である。生産性の上昇と賃金の上昇がパラレルに進み，生産と消費，投資が安定的に拡大し，自動車や家電製品などの耐久消費財も普及した。それが『資本主義の黄金時代』（S. マーグリン／J. ショア編，磯谷明徳ほか監訳，東洋経済新報社，1993年，原著1990年）の基礎を形成した。

　しかし，1960年代末から70年代初頭にかけて，その体制は危機を迎えることになる。1971年の金とドルとの交換停止（＝ニクソン・ショック）とその後の変動相場制への移行，さらに1973年と79年の2度にわたるオイル・ショックなど，戦後の黄金時代を支えていた枠組みが崩れるとともに，先進資本主義諸国は激しい物価上昇と不況との共存（＝スタグフレーション）という状況に陥った。そのことについて立ち入った検討はできないが，資本主義的生産様式とのかかわりでとくに指摘しておきたいことは，大量生産・大量消費の行き詰まりとその打開，脱却が模索されざるをえない局面に立ちいたったことである。

　その打開の方向は，消費の個性化・多様化に対応したフレキシブルな生産体制の構築であり，そのためには情報通信技術（ICT）の開発・活用が不可欠であった。

　そしてもう一つの方向は，いっそうのコストダウンをはかるために低賃金の発展途上国への生産拠点の移転，そして輸入への置き換えであった。国際分業化とグローバリゼーションの進展である。

2　現代の情報通信技術（ICT）の特徴

　なによりも指摘されなければならないことは，現代の情報通信技術の普遍性・汎用性である。情報通信技術の基盤はコンピュータとそのネットワークで

あり，コンピュータはハードウェアとソフトウェアの統一である。そして情報通信技術はそれ自体として独自の用途をもち，また新たな用途を開拓してきたが，他方では経済社会のあらゆる分野や領域に浸透するとともに，どのような技術とも結びつき，それらの技術を質的に変革してきた。

　生産技術についてはのちにふれるが，たとえば軍事技術は，情報通信技術と結合することによってそれを質的に変革してきた。核兵器のような大量破壊兵器は政治的にはなお重要な意味を持ち続けているが，軍事的にはいまや軍事・通信衛星などの情報通信技術と結びついた超精密誘導兵器が兵器体系の中心である。また対核兵器にしても，いち早くミサイル発射を確認し，直ちに撃墜したり，宇宙空間で撃墜したり，それをかいくぐっても大気圏内に再突入する際に迎撃したりする，宇宙防衛構想とその早期実用化が目指されている。

　また社会に網の目のように張り巡らされている情報通信技術，ネットワーク社会は監視・管理社会と隣り合わせにある社会でもある。インターネットや携帯電話，カーナビゲーション・システム，ATM（現金自動預金支払機）など，情報通信技術はその高度な利便性と問題性が同居する社会的ネットワークである。情報通信技術は単に技術的な側面だけではなく，社会的な側面からも，その革命的意義と同時に，ネット犯罪やプライバシーなどそれが抱える深刻な問題との両面から検討されなければならない。

3　生産過程における情報化

　生産過程におけるコンピュータとそのネットワークの導入は，もはや機械という範疇を超えた労働手段の新段階をもたらしたといえる。さきに機械の自動化・体系化の例としてトランスファーマシンについてふれたが，オートメーションという用語は戦後初期に登場したこうした高度な自動機械体系を指して使われたのが最初である。ただしそれはまだコンピュータで制御されたり情報処理されたりするものではなかった。しかし1970年前後には主として装置型産業においてコンピュータによる集中制御による生産システムがしだいに普及し始め，そして1980年頃には主として加工組立型産業においてNC（数値制御）工作機械や産業用ロボットなど，ME（マイクロ・エレクトロニクス）を組み込んだ柔軟な生産システムが本格化し，FA（ファクトリー・オートメーション）とか

FMS（フレキシブル・マニュファクチャリング・システム）という用語が使われるようになった。情報処理も自律分散型で柔軟性のあるシステムに置き換わっていった。

ここにおいて労働手段が機械という範疇を超えたオートメーション段階にいたったこと，またそれが技術的基礎となって，需要の変動に対応した多品種の柔軟な生産の可能性が大きく広がった（とはいえあくまでも技術的可能性であるが）ということができる。

4　労働者構成の変化

労働は基本的には多種多様な情報処理労働が中心となる。

旧来の機械熟練労働は原理的には不要となり，逆にNC装置や上位コンピュータへの情報の投入という新たな労働が必要とされる。そしてプログラミングや情報の投入という労働は現実の直接的生産の場と時間的にも空間的にも分離できるから，夜間や休日でも機械だけが動くという「無人工場」も可能となった。とはいえそれは，労働が不要になったのではなく，労働の中心が直接的労働から間接的労働に移ったということである。

労働手段体系は基本的にはプログラミング化されて自動運転化されるとはいえ，標準的なプログラムのない特殊で複雑な形状の部品加工や，機械や材料の微妙な変化をとらえたプログラムの修正といった新たな熟練が必要となる。

組立等の手作業は，組立ロボットの活用やモジュール化等によって自動化されてゆくとはいえ，ロボットには不向きな作業は人間の柔軟性や臨機応変性に依存することが今後も長期にわたって続くだろう。そこでの労働は瞬間的な判断力と器用さ，そして根気等が求められ，簡単に単純労働か熟練労働かという区分では測ることができにくい労働である。

重化学工業段階では労働者構成において準直接的労働や間接的労働の比重が増大するが，新たな段階においてははるかにその割合が高くなる。技術的労働は，高度化した労働手段体系の保全・管理労働としてますます重要となる。機械工学的な知識に加えて電子工学についての知識も必要とされ，そして傾向として情報処理労働としての性格を強めてゆく。そして科学的労働・研究開発労働は，いまやさまざまな情報処理手段を活用し，また内外にネットワークを組

第10図　資本主義的生産様式の諸段階

資本主義的生産様式	資本主義	労働手段	労働編成
単純協業 （初期マニュファクチュア）	初期資本主義	道具（万能的）	単純協業 ↓
マニュファクチュア	自由競争の資本主義	道具（単能化） ↓	⇐ 分業にもとづく協業
機械制大工業 　軽工業段階 ↓ 　重化学工業段階	独占資本主義	機械 →自動化 →体系化 →専門化 →汎用化 ↓	⇒ 分業にもとづく協業 　（機械体系に配分・従属）
オープンネットワーク型 生産様式	（情報資本主義） （グローバル資本主義）	オートメーション 情報ネットワーク	労働手段に直接規定され ない編成（機能的分業）

⟹ 発展　⇒ 規定

んで，一方では組織的に，他方では独創的に，短期間で成果をあげ，また長期的な視野に立った独創的な活動に携わるなど，さまざまな種類とヒエラルキーをもちながらも，全体として中心的な労働となるといっても過言ではない。また研究開発はもはや個人的・個別的な作業ではなく，多くの研究者たちの共同作業として行われるのが通常であり，また先端的で高度な，それゆえ費用も莫大な研究手段を利用しなければ十分な成果をあげられなくなっており，形態的には分業と協業にもとづく工場労働に近づいている側面もある。

すなわち，一方では創造的で高度な研究開発力をもった知的労働者がますます必要となり，そうした労働者をいかに養成し確保するかが個別資本にとっても一国経済にとっても死活的な課題となるとともに，他方では情報通信技術の資本主義的利用によってほとんどなんの知識や技能をも必要としない，マニュアル化された情報処理労働や，情報通信技術で代替するにはコストがかかりすぎるような単純な労働を増大させる。

こうして労働者の構成は重化学工業段階とは大きく変化する。それをモデル化すれば，第9図③のように，大きく二極分解した山脈型の複雑な形状になるだろう。

労働内容・性格	管理
手工業的熟練労働	管理労働の分化・自立化
部分熟練労働	管理労働の分化・自立化の進展
単純・不熟練労働 機械熟練労働 （万能的 ──▶ 専門的）	管理手段としての機械
半熟練労働	管理の組織化・体系化 　　成行き ──▶ 科学的 　　管理　　　　管理
情報処理労働 科学的・技術的労働	コンピュータ・情報による管理

　この図はモデル的なものであるが，『国勢調査』によれば，就業者構成に占める専門的・技術的職業従事者の割合は，1960年の4％から2010年の15％へと大きく増加している。それは重化学工業段階からオープンネットワーク型生産様式段階への移行過程にあることを示す一つの指標といえるだろう。

5　オープンネットワーク型生産様式

　機械制大工業を超えた新たな生産様式は，コンピュータ制御生産様式など，いくつかの名称が考えられるが，オープンネットワーク型生産様式と名づけることが適当であろう。それは，直接的生産過程，管理・事務労働過程，科学的・研究開発過程というそれぞれの過程の分化と統一であり，そして全体として情報処理労働過程によってフレキシブルに接合された生産様式として，企業横断的に，また産業横断的に組織されてゆくと考えられる。

　すなわち，そのネットワークは個別資本内部にとどまるものではなく，それが生産企業であれば，部品や材料の調達先，さらには販売先とネットワークで結ばれ，たえず情報交換しながら，生産すべきものを変化させてゆくことが課題となる。しかも生産の前段階を他の企業に委託し（企画，市場調査，提案，

研究開発,原材料や部品の調達等),また生産そのものも場合によっては情報ネットワークの利用によってアウトソーシングされる。生産過程をもたない製造業(=ファブレス企業)さえ登場しているのが現段階である。

オープンネットワーク型生産様式においては,生産と流通,サービスの一体化あるいは相互浸透が進み,各資本(=企業)は情報の共有を基礎とした一連のネットワークの一環として得意分野に特化し,またネットワーク自体も絶えず見直され,組み直されてゆくバーチャルで流動的なネットワークの構成体となる。逆にいえば,こうしたネットワークに組み込まれなければ振り落とされるという激しい競争の世界でもある。

オープンネットワーク型生産様式は,たしかに独占資本主義段階にあるが,重化学工業を典型とする古典的な独占資本とは異なり,独占資本の支配力は広い意味での知的所有権(知的財産権)の独占にある。すなわち広義の OS,「標準」あるいはルールを握れば,ネットワーク外部性やロック・インといわれる一人勝ちの独占的な地位を獲得することが可能である。とはいえ,知的所有権による独占は決して固定的なものではなく,支配を維持し継続させるためには永続的な技術革新が不可欠であり,大規模な研究開発投資を持続させなければならない。そのためには大量の資本が必要であり,一般的には大資本が有利である。ただ,世界的に資本は過剰化しており,戦略やビジネスモデル,技術開発力等が評価されれば資本はあとからついてくるベンチャーキャピタルの時代でもある。

6 総括

最後に,ここまで述べてきた資本主義的生産様式の諸段階と現段階を図で示しておこう(第10図)。あらためて追加的な説明をする必要はないであろうが,現代資本主義を情報資本主義,グローバル資本主義と特徴づけているのは,オープンネットワーク型生産様式への移行の推進力となっているのが情報ネットワーク化とグローバリゼーションであるからである。

また,経済構造は実際には諸経済体制,諸生産様式の総体であり,現段階は生産様式としてはとくに機械制大工業とりわけ重化学工業段階における生産様式とオープンネットワーク型生産様式との並存・移行の局面にあるということができるだろう。

第6章　労働力の価値と賃金

第1節　労働力の価値の一般的規定

1　資本主義と労働力の再生産

　労働力という商品の価値についてはすでに**第4章第1節3「労働力商品の価値と使用価値」**(55頁)で説明したが，必要な補足をしておきたい。

　労働力の存在は資本主義が存続するために必要不可欠な条件であり，資本主義の安定的な発展のためには労働力が社会的に確実に再生産され続けなければならない。資本にとっては明日もあさっても，また将来にわたって労働力が継続的に確保されることによってはじめて，資本活動を継続することができる。

　他方，労働者は，労働力を商品として売ってそれで日々の生活を送るしか生存する手段をもたない存在である。それゆえ労働力の価値は労働者が日々の生活を過ごせるだけの生活費をまかなうことができる費用に帰着することはすでに説明した。

　しかし，労働力の再生産のための費用は，単に現役の労働者本人が生活できる費用だけではすまない。社会を構成する最小の単位は家族である。家族の形態や生活様式は時代や地域によって違いはあるが，生命そして労働力の再生産の単位である家族の再生産ができなければ，労働力はやがて枯渇してしまう。それゆえ労働力の価値は，家族を単位として考えるほかはない。しかも労働者は，ある程度の教育や教養をもっていなければ，資本の要求に応えて働くことはできない。労働力は商品であるから，買い手である資本がその使用価値を気に入って買ってくれなくてはならない。しかし労働力商品として磨きをかけるためには一定の養成費が必要である。またその費用のなかには，労働者家族の生活必需品だけではなく，未来の労働者である幼児の養育費や教育費等も必要である。さらには家族として社会生活を送るために必要な文化的な費用も必要である。すなわち労働力の価値は，家族がその時代において社会的に標準的な

生活ができるだけの費用に帰着するのである。

　家族としての生命と生活の再生産の費用総体を誰が獲得するかは，これも時代や地域によって異なる。夫である成人男子だけが働き，家族を養う場合もあれば，夫婦共働きで家族を養う場合もある。さらには子供も含めて働くことによってようやく家族の維持ができる場合さえもあったし，現にある。ともあれ，労働力の価値は労働者個人のレベルにおいてとらえるのではなく，家族の再生産というレベルにおいてとらえなければならない。

2　単位当たりの労働力の価値

　労働力の価値はすでに述べたように家族を単位としてとらえなければならない。それゆえ，たとえば夫婦共働きが一般的な場合は，夫婦2人（A, Bとする）の労働力の価値によって生活が支えられているのであるから，1人当たりの労働力の価値は，単純にいえば家族の生活をまかなう費用の半分に帰着することになる。ただしたとえばAが大学卒，Bが高校卒である場合，Aのほうがこれまでかかった労働力の養成費は高いから，Aのほうが労働力の価値は高いことになる。これは単純化された例であるが，実際にはその労働力の形成にかかった総費用ばかりか，将来資格を取ったり学習したり等，労働力の維持と向上のための費用も含めて価値計算をしなければならない。そしてそれらの総費用を1日当たりあるいは1時間当たりで計算されたものが単位当たりの労働力の価値である。

3　労働力の価値の歴史的変化

　労働力の価値は歴史的に変化する。ある時代・ある地域における労働者家族の標準的な生活水準はある程度は確定できる（といってもその水準にはかなり大きな幅がある）が，それは時代とともにさらに変化する。社会的に必要な教育水準が向上すれば，そのために必要な費用も上昇する。たとえば社会的に高校を卒業するのが一般的となれば，それだけ子供の教育費用がかかる。また社会生活を送るうえで，テレビや電話があるのが一般的となれば，それだけの費用が必要である。国家による社会保障等を当面捨象すれば，家族としての労働力の価値もそれだけ上昇しなければ，社会的に標準的な生活を送ることはでき

ないのである。

労働力の価値のより具体的・歴史的な考察は第3節で行うことにする。

第2節　賃金

1　賃金の本質規定

賃金は，本質的には労働力という商品の価値を貨幣で表現したものである。それゆえ労働力という商品はその価値に従って売買されなければならない。そしてこれまでは労働力の価値どおりに賃金が支払われることを前提として，それでもなお資本はなぜ剰余価値を獲得することができるのかを検討してきた。

2　労働力の価値と賃金の乖離の可能性と現実性

しかし労働力という商品は，一般の商品と同じく，商品を買う側と売る側との間において対立がある。買う側はできるだけ安く買いたいと考えるのは当然である。一方，労働力を売る側は，それで自分やその家族の生活の再生産ができるように，すなわち労働力の価値どおりに販売したいと考えるのはこれまた当然である。また，できれば価値以上に高く売って，人並み以上の生活ができればなおさら結構であるから，できるだけ高く売ろうとする。それゆえ労働力の価値と賃金とは実際には一致せず，資本主義は賃金をめぐる資本と労働の対立関係をそのなかに内包しているのである。そして賃金をめぐる闘争はつねに階級闘争としての労働運動のもっとも重要な課題であったし現在もあり続けている。

一般的にいえば，力関係としては労働力を売る側よりも買う側のほうが強く，とくに個別資本は相互に競争関係にあることから，労働力はその価値よりも安く買い叩かれる傾向にある。とはいえ，あまりにも安く労働力を買い叩く，すなわち賃金を低く抑えすぎると労働力の再生産がしだいに不可能になり，資本主義経済の順調な発展を阻害し，ひいては資本主義そのものの存続を困難にすることから，総資本の利害を代表する国家の介入によって，また労働組合運動や階級闘争を反映して，最低賃金法等によってその最低水準を法的に保障することが，今日ではどこの資本主義諸国でも一般的となっている。

また、賃金は経済情勢にも左右される。すなわち好景気が続いて労働力が不足気味になると、賃金は相対的に高くなり、逆に不況になると労働力が過剰で失業が増え、そのために賃金は低下する。そのかぎりでは一般の商品と同様である。

3 賃金形態

しかも賃金は、現実には労働の成果に対する報酬という仮象形態をとるのが通常である。賃金形態は時間給や日給のように労働時間を直接反映した賃金形態や、出来高給のようにノルマの達成に応じて支払われる形態などさまざまな形態がある。労働者の仕事への動機づけ、インセンティブを高めるような賃金形態を資本はさまざまに工夫してきたが、その一つが成果主義である。ノルマ以上の成果をあげれば割増賃金を支給したり、ボーナスで報いたり、という成果に対する刺激を高める給与体系への工夫である。日本でも年功的賃金制から成果主義へということが近年の流行であるが、ノルマそのものが客観的に測れない業務であるにもかかわらす無理に自己申告による目標を設定させ、それを評価するというのはさらに無理があるので、資本にとっても必ずしも効果が上がるとはいえない場合が多い。また多くの業務は個人に還元できず、チームで協力しながら労働するのが通常であるのに、成果主義を入れると労働が個人主義化して協力体制が乱れるという弊害もある。

ただ、賃金はどのような形態をとろうとも、労働によって生みだされた価値よりも支払われる賃金は低いこと、その差額が資本にとっての剰余価値であることには変わりがない。成果主義も同様であり、成果に見合った価値の増加分がそのまま賃金として支払われるわけではない。剰余価値率が100％で変わらないとすれば、成果が100とすると賃金は50である。そして成果を120にまで増やせば、支払われる賃金は60となるだけのことである。まして剰余価値率が上がれば、成果に対して支払われる賃金はたとえば55にとどめられるのである。

第3節 労働力の価値の歴史的・段階的変化

第5章で資本主義的生産様式の段階的変化とそこにおける労働の内容や構成

について検討したが，そのことは労働力の価値に対してどのような影響・変化をもたらすことになるのか，すなわちそれぞれの生産様式において，資本が必要とする労働力の価値はどのようなものになるのかということを検討する。ここでの考察もまたモデル的なものである。なお単純協業やマニュファクチュア段階は省略し，産業革命以降現代までについて検討する。もう一度第9図（82頁）を見ていただきたい。

1　軽工業段階

　産業革命によってとくに工場の労働者の構成は一変した。産業構造としては繊維産業を中心とする軽工業が支配的な産業であり，しかも労働力構成としても機械について働く単純労働が主要な労働であることや，労働者間の競争，労働者保護の体制が形成されていないことなどから，労働力の価値自体が大幅に下がったが，実際の賃金は個々人の労働力の価値以下に引き下げられて非常に低く，児童も含めていわば一家総出で働き，ようやく労働者としての最低限の生活がかろうじて成り立つという水準であった。

　労働者階級の貧困状態が社会的な問題となり，労働力の再生産が可能な状態に近づけるために各種の工場立法がつくられたのも，軽工業段階における劣悪な労働条件に対する社会的対応であった。

　もちろん他方では産業革命は機械工業や化学工業も登場させた。また機械について働く労働は単純労働ばかりではなく，一定の機械熟練労働や技術者も必要とされた。そしてまた監督労働も必要であった。とはいえその割合は高くなく，労働力構成の中心は単純労働であり，そのために労働力の価値も低い労働が中心である。そして商品の価値を規定する社会的平均労働もまた基本的には単純・不熟練労働であったといえる。第9図①はそのことを概念図で示したものである。

2　重化学工業段階

　重化学工業段階になると，労働力構成は，児童は工場法等によって工場からは排除され，女性の深夜労働も規制された。そして全体として半熟練労働者が中心を占めるようになる。また機械熟練労働者や技術者，研究開発に携わる労

働者の割合が高くなり，そのために軽工業段階に比べて労働力の価値は上昇した。また商品の価値を規定する社会的平均労働は半熟練労働となる。さらに20世紀とくに第二次大戦後は労働組合の力の増大や最低賃金制，労働時間の制限，また財政や税制による所得再配分機能等の制度的役割によって，賃金格差や所得格差の一定の是正がはかられてきたことも，労働者家族の生活水準の向上に貢献し，それを反映して労働力の価値も向上した。それらのことを**第9図②**は示している。

3 オープンネットワーク型生産様式段階

　オープンネットワーク型生産様式の段階になると，労働は全体として情報処理労働化するが，情報処理労働は二極化する。そして左側の山にはマニュアル化された単純な情報処理労働がはいることになる。そして**第9図③の左側**において，半熟練労働は単純労働と熟練労働とに二極化する傾向にあること，しかしその層のなかではなお社会的平均労働は半熟練労働であると理解できることを示している。

　そしてもう一つの山がその層の右側にできることをも示している。その中心を占めるのが，研究開発を中心とする知的・創造的な労働者である。研究開発・創造的知的作業に携わる労働者の労働力の価値は，人間としての再生産が可能な自然的欲求や必需的欲求を満たすのに必要な生活手段に相当する価値に加えて，研究開発能力の養成，維持，向上の費用，一言でいえば研究労働力の再生産費用によって基本的に規定される。そして彼らの労働力市場が形成され，そこでの労働力の価値が賃金を規定するとすれば，右の山にも社会的平均労働が形成されることが想定される。なお二極化された情報処理労働のもう一方は右側の山にはいり，知的・創造的な労働者と重なり合う。現在はまだそこまでいたっていないが，図は右の山にも社会的平均労働が形成されるという可能性を書き込んだ仮説的な図である。

　こうしたM字型あるいは山脈型の多様な労働力の価値をもった総体が労働者の構成であり，その総体によって商品が生産され，また資本に剰余価値をもたらす時代がオープンネットワーク型生産様式の段階である。

第7章　資本の蓄積過程と雇用・失業問題

第1節　資本の単純再生産

1　資本の再生産過程

　資本は剰余価値をどのようにして獲得するのかについてはすでに説明したが，実際には資本は1回限りで剰余価値を獲得して終わりということではなく，剰余価値を実現したあともさらに生産を繰り返す。すなわち再生産を行うのが常態である。再生産そのものは決して資本主義を特徴づけるものではなく，社会の存続・発展は実際には社会における有用物の再生産によって可能であった。そして人間社会の特徴は長期的に見れば拡大再生産であることは，すでに**第1章第1節「労働過程」5「拡大再生産」**(21頁) で説明した。資本主義経済はそれではどのような特徴をもった再生産であるのかを検討することがこの章の課題である。

　再生産を実現する過程を再生産過程というが，資本の再生産過程を分析するために，まず単純再生産過程を検討することからはじめる。資本の単純再生産を検討することによって，資本主義の特徴がまず明らかになり，そのうえで拡大再生産過程を検討することによって資本主義の再生産過程の特徴がより明確になる。

2　資本の単純再生産過程

　もう一度第7図 (61頁) を見ていただきたい。資本家は資本 G を投入して G'' すなわち $G+g$ を獲得する。この g が剰余価値である。なお記号について注意すると，第7図では資本 $c+v$ を投入して商品を生産・販売して $W''=c+v+m$ を実現すると表現しているが，この m も剰余価値である。g は貨幣資本 G が資本活動によって生みだした剰余価値を示し，m は生産された商品資本に含まれる剰余価値を示しているという表現上の相違であって，実際には同じこと

である。

　このg（＝m）を資本家が所得としてそれを消費し，再びGを投入して生産活動を繰り返せば，この**第7図**が繰り返される。すなわち再生産が同じ規模で行われるから，これが単純再生産である。そのことを図で示すと，資本の単純再生産過程は**第11図**のようになる。

第11図　資本の単純再生産過程

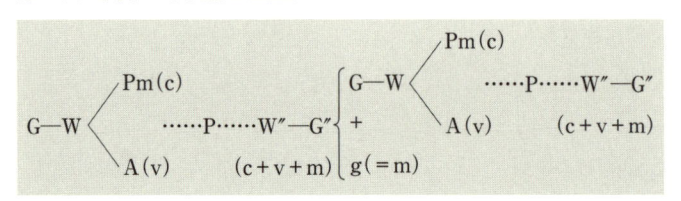

$$G-W \begin{cases} Pm(c) \\ A(v) \end{cases} \cdots\cdots P \cdots\cdots W''-G'' \atop (c+v+m) \begin{cases} \\ + \\ g(=m) \end{cases} G-W \begin{cases} Pm(c) \\ A(v) \end{cases} \cdots\cdots P \cdots\cdots W''-G'' \atop (c+v+m)$$

　資本の単純再生産は，次のことを示している。資本家は毎回貨幣資本Gを投入して不変資本cと可変資本vを商品として買い，商品を生産してc＋v＋mだけの価値を実現する。そしてgあるいはmを毎回獲得しているのである。そしてその剰余価値はいうまでもなく労働者の剰余労働の産物である。資本の再生産は，資本・賃金労働関係の再生産でもある。そして最初に投下された資本が資本家の資金（ファンド）であったとしても，単純再生産が繰り返されているうちに資本の総体が剰余価値の塊に転化してしまうのである。

　そのことを**第4章**で使った数値例で説明しよう。本箱1個の商品の価値（＝価格）は次のとおりであった。

　　W″（円）＝12000c＋5000v＋5000m＝22000

　資本家は1個当たり1万2000円の不変資本と5000円の可変資本，合わせて1万7000円を投下し，5000円の剰余価値を獲得している。

　この1万7000円を資本家がなんらかの方法で準備したとする。そして5000円の剰余価値のうち3000円を自分の生活等のために使い，2000円を準備した資金の返済に使ったとしよう。そうすると毎回2000円が返済に充てられるから，17000円÷2000円＝8.5となる。単純再生産を8.5回繰り返せば，調達した資金はすべて返済され，それ以降は毎回の剰余価値はすべて資本家のものとなる。

返済が終わったあとの投下資本の源泉はもはやすべて剰余価値である。剰余価値による剰余価値の生産，その繰り返しが資本の再生産過程であることがここに明らかとなる。

第2節　資本の蓄積過程

1　資本の拡大再生産過程

資本の再生産過程は労働者の剰余労働の資本による取得であり，資本による所有の再生産過程であること，そして資本の再生産は剰余価値による剰余価値の生産であることは，資本の拡大再生産過程を検討するといっそう明らかとなる。それでは拡大再生産はいかに実現されるのか，そのことをまず図示しよう（第12図）。

第12図　資本の拡大再生産過程

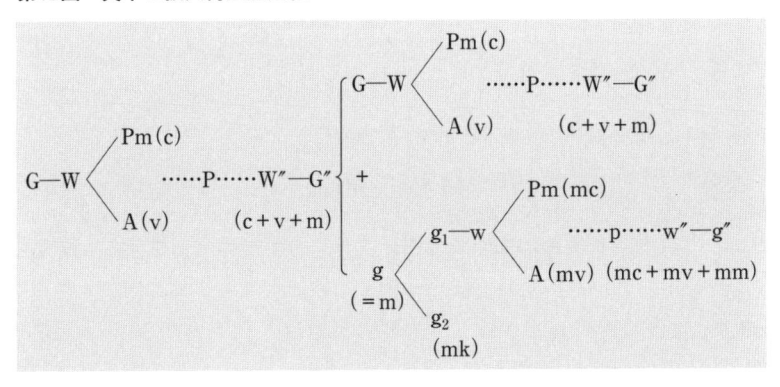

$$G-W \begin{smallmatrix} Pm(c) \\ A(v) \end{smallmatrix} \cdots P \cdots W''-G'' \; (c+v+m) \; + \; \begin{cases} G-W \begin{smallmatrix} Pm(c) \\ A(v) \end{smallmatrix} \cdots P \cdots W''-G'' \; (c+v+m) \\ g \, (=m) \begin{cases} g_1-w \begin{smallmatrix} Pm(mc) \\ A(mv) \end{smallmatrix} \cdots p \cdots w''-g'' \; (mc+mv+mm) \\ g_2 \; (mk) \end{cases} \end{cases}$$

剰余価値は，単純再生産の場合はすべて資本家が消費したのであるが，資本の蓄積とは，資本が生みだした剰余価値（の一部）を追加資本とすることによって投下資本を増大させることである。資本の蓄積によって資本の拡大再生産が実現される。

第12図では，剰余価値 g は追加資本となる g_1 と，資本家の個人的消費に当てられる g_2 とに区分されている。g は m でもあるから，m をさらに分解する

と，追加資本は追加不変資本（mc）と追加可変資本（mv）とに分けられ，他に資本家の消費に当てられる部分（mk）がある。

それゆえ，次期の生産には不変資本が c + mc 投下され，可変資本が v + mv 投下されて生産が行われる。より多くの資本が投入されたのだから，剰余価値もそれだけ多く獲得できる。追加投資によって生みだされた剰余価値を図では mm という記号で表している。

これを整理すると，次期は

$$W'' = c + mc + v + mv + m + mm$$

の商品生産が実現される。

すなわち拡大再生産によって資本は m + mm の剰余価値を獲得する。それが繰り返されてゆけば資本はますます大規模化し，また剰余価値も増大する。資本の蓄積＝拡大再生産はこのようにあたかも自己運動のように進行するのである。

ここでも単純再生産で使った本箱の生産企業の数値例で説明しよう。この企業は1個2万2000円の本箱を1日に200個生産しているから，

$$W'' (円) = 12000c + 5000v + 5000m = 22000$$
$$200W'' (万円) = 240c + 100v + 100m = 440$$

である。1個当たりの剰余価値5000円をすべて資本家の自己消費に充てるのではなく，資本家の自己消費を3300円に抑え，追加不変資本1200円，追加可変資本500円を投資に回したとすると，次期の生産は，投下不変資本は（12000 + 1200）× 200 = 264万円，可変資本は（5000 + 500）× 200 = 110万円 となる。剰余価値率を100％とすると剰余価値は110万円となる。

$$次期の商品総額(万円) = 264c + 110v + 110m = 484$$

である。1個2万2000円であるから，484万円を2.2万円で割ると220である。商品数は200個から220個に増加したことになる。

すなわち

$$220W''(万円) = 264c + 110v + 110m = 484$$

　資本の拡大再生産は，拡大再生産の原資がはじめから労働者が生みだした剰余価値である。そしてその繰り返しは，単純再生産の場合よりもより明確に，資本の再生産は資本自体が剰余労働の産物であることを示している。他人の労働の資本による取得，そのことによる再生産の継続こそが，資本のより拡大された価値増殖であることが一目瞭然である。

　また，資本の拡大再生産は，ますます増大する雇用労働者の剰余労働の獲得によって可能になる。すなわち資本の拡大再生産過程は，同時に資本・賃金労働関係の拡大再生産過程でもある。そのことの理解が決定的に重要である。

2　資本の集積と集中

　このような資本の運動は，個別資本の運動としてまず理解される。さきの図やその説明もまずは個別資本の運動としてであった。こうした資本の蓄積を，のちに説明する集中と区別するために集積という。

　しかし，個別資本の蓄積は，個別資本の総体である社会的総資本のレベルにおいても進行することはいうまでもない。

　資本主義経済は個別資本を単位とする激しい競争経済である。その競争のなかで順調に資本の蓄積＝集積を進めてゆく資本もあれば，競争のなかで脱落する資本もある。そうした競争のなかで，集積にとどまらず，より手っ取り早く資本規模を拡大する方法がある。それは他の資本を吸収してしまうことである。それを資本の集中という。今日でも資本が合併したり持ち株会社をつくって統合するなどのことは資本の戦略としてさかんに行われている。企業の合併や買収を M&A（Mergers and Acquisition）という。

　そして各産業分野において特定の大資本がいくつか生まれ，ついには相互の資本間競争の形態が変わるまでにいたる。少数の大資本が支配的地位につき，一方では協調しながら，他方では激しく競争する。これまでの自由競争から，独占的競争への転化である。

　19世紀末になると，いくつかの重要な産業部門において自由競争から独占的競争へ転化し，全体としての経済構造が独占的競争の資本主義すなわち独占資

本主義へ転化したが，それはまさに資本の本性であるより多くの剰余価値を求める資本の集積と集中の結果として成立したものである。規模の利益は一般的に重化学工業とりわけ素材型重化学工業が大きいから，産業における独占は素材型重化学工業が先行するがしだいに他の産業部門にも波及してゆく。独占資本主義への移行は，産業構造としては軽工業から重化学工業が支配的な産業となる時代でもある。そして今日の発達した資本主義諸国は独占資本主義の段階にあり，生産様式としてはオープンネットワーク型生産様式への移行期にある。

第3節　資本の有機的構成と高度化

1　資本蓄積が労働者階級に与える影響

　これまでは，資本は必要な生産手段や労働力をその蓄積に応じて調達・購入できることを前提としてきた。また生産物＝商品もそれだけ販売できることを想定してきた。これからも当面はその想定を続けるが，ただし労働力の調達が自由にできるという想定だけを取り外して独自に検討する。資本蓄積の進行はそのままでは労働力への需要を増大させ，ひいては労働力の絶対的な限界に突き当たってしまうということが想定されるからである。そうすると資本の蓄積は労働力の枯渇によって制約されてしまう。その前に労働力の奪い合いになるから，失業者は急減するとともに賃金は上昇するという労働者にとってはハッピーな事態が想定できる。しかし資本主義はそんなに甘くはない。そうした事態を避けるメカニズムを資本主義は内包しているのである。資本の蓄積が労働者階級に対してどのような影響を及ぼすのか，理論的・実証的に検討することがこの節以降の課題である。

2　資本の構成

　資本は不変資本と可変資本とに分かれるが，その資本構成をいくつかの角度から見てみよう。
　第1に，資本の技術的構成である。資本は生産手段と労働力とから構成されるが，充用される生産手段の素材的な量と，それに必要な労働の量との割合をみたものである。

第2に，資本の価値構成である。それは資本の構成を充用される不変資本の価値・価格と，可変資本の価値・価格すなわち賃金総額でその割合をみたものである。

　第3に，資本の有機的構成である。たとえば技術的構成は変わらなくとも，何らかの事情によって価値構成が変わることは大いにありうる。たとえばエネルギー価格が上昇して，そのために不変資本の価値・価格が上昇する場合である。また技術革新の結果，機械の価格が低下するということもある。賃金も，好景気の持続によって人手不足気味となったり，労働運動が高揚して高騰することはありうる。このように，技術的構成と価値構成とは必ずしも同じ方向で同じ割合で変動するとはかぎらないばかりか，逆に現れることさえある。

　長期的視点に立って資本の構成を考察する際にとくに重要であるのは，技術的構成の変化である。というのは，すでに検討したように，資本主義経済の発展においてその生産様式の変化を規定するのは労働手段の発達・変化や生産方法の発達・変化であるからである。それは当然ながら資本の技術的構成の変化をもたらす。ただ，技術的構成の変化を定量的に把握するのは難しい。特定の資本の特定の生産現場だけなら，たとえば機械が5台から10台に増えたのに，そこで働く労働者は前と同じく5人のままであるとするなら，技術的構成は2倍になったとはいえるが，それは機械が同じである場合に限られる。生産設備といっても実際にはさまざまであり，まして産業資本総体としてどれだけ技術的構成が変化したかを計量することは難しい。それで，資本の技術的構成の変化を反映したかぎりにおける価値構成の変化を資本の有機的構成とし，その変化を理解する概念として使用する。これは技術的構成の変化を価値構成の変化で測るが，その際，技術的構成の変化を反映しない価値構成の変化は捨象するということでもある。これ以降，資本の構成とは断りのないかぎり資本の有機的構成を意味するものとする。これからは資本の有機的構成を k' という記号で表すが，$k' = \dfrac{c}{v}$ である。

3　資本の有機的構成の高度化とその意義

　資本の有機的構成は，長期的視点でみれば傾向として不変資本の割合が可変資本の割合よりも上昇してゆく。それを資本の有機的構成の高度化というが，

なぜ資本の構成は高度化してゆくのであろうか。なお，ここで問題とするのは，資本といっても産業資本である。

　一般的にいえば，生産力の発達は労働手段を活用して生産物を効率よく生産することであり，それは労働の節約と同じことであることはすでに説明した。生産手段の発達と労働の節約は，資本主義にかぎらない，長期的にみた社会における生産力の発達の原動力である。

　資本主義においては，それは特別剰余価値の獲得を目指す資本間の競争として，また相対的剰余価値の増大に結果する資本主義的生産様式の段階的変化としてすでに検討した。それらの発展は長期的にみて資本の技術的構成を高度化してゆくことは容易に想像できる。もちろんそれは一直線に進むのではなく，たとえば技術革新によって新たな労働手段や労働対象が安価に生産できるようになれば生産手段の価値は低下するから，それが労働の節約や労働力の価値を規定する生活手段の価値以上に低下すれば，一時的には有機的構成が低下することもある。しかし長期的には，資本の有機的構成は高度化するということは，たとえば製鉄所や自動車工場等の見学に行くとよくわかる。いまや巨大な装置の塊となっていて，働く人は大幅に減っている。ただ，生産現場は大幅に減少しても，間接労働者が増えているので，過大評価は禁物であるが，それを含めても傾向としては技術的構成が高度化し，そして価値構成もそれを反映して有機的構成が高度化する傾向にあることは，たとえば鉄鋼メーカーや自動車メーカーの生産高ないし売上高の伸びと従業員数（そのなかには間接的労働者も含まれる）の推移をみると十分に理解できる。

　なお，資本の構成の高度化を，たとえば次のように表現する。資本全体を100とすると，

$$50c + 50v \Rightarrow 60c + 40v \Rightarrow 70c + 30v \Rightarrow 80c + 20v$$

といった具合である。

　資本の有機的構成の高度化は，資本蓄積の進展に比例しては労働力の需要が増えないことを示している。増えないどころか減少することも多いにありうるのである。

第4節　相対的過剰人口と雇用・失業問題

1　労働力の需要と供給

　さきの節で，資本蓄積が進展し，その際，資本の構成が一定であれば不変資本と可変資本の割合が変わらないから，労働力への需要はそれに比例して増大するが，資本の有機的構成が高度化すれば可変資本の割合は低下するから，労働力への需要はそれほど増加しないこと，場合によっては減少することもあることを説明した。

　それでは労働力の供給はどうであろうか。それについては歴史的・段階的に考察したほうがよい。

　まず資本主義が登場し，しだいに発達する初期資本主義において，封建制や絶対主義体制の解体過程で資本が必要とする以上の労働力があらかじめ大量に生みだされていたことである。どのようにして生みだされたかは国，地域によって相違がある。

　たとえばイギリスでは封建制が解体する過程で独立自営農民層が形成されたが，16世紀に毛織物産業が発達し，そのために羊の牧畜のために，地主や封建領主が農民を共同の放牧地や入会地（農民たちの共同利用地）から大量に追い出した（第一次囲い込み＝エンクロージャー運動）。土地を追われた農民たちは流浪の民となり，都会へと流れ込んだ。トマス・モアが『ユートピア』（1516年）で「羊が人間を食い殺す」と告発した事態が先行したのである。さらに18世紀にはノーフォーク農法などの農業の高度化・集約化のための囲い込みが行われた（第二次囲い込み運動）。

　こうした権力的な方法とともに，商品経済のいっそうの進展によって農民層が分解し，一方では一部の大土地所有者や大規模農業経営者が生まれたが，他方では多くの農民層は土地を手放して無産者に転落した。

　また独立自営の手工業者たちは同職組合（＝ギルド）を組織して新規参入者を規制するとともに相互の競争を抑制してきたが，商品経済の発展によってしだいにギルドが弱体化し，また営業の自由を主張するブルジョアジーの国家を通じた権力的な介入によるギルドの解体等によって同業者間の競争が激化し，

一部は資本家へと転化したが多くは没落して無産者となった。こうした自営農民や自営手工業者層の分解は，労働者の予備軍を大量につくりだしたのである。

　日本についても簡単にみておこう。明治維新による新政府は，士族に対して一定の資金の提供と引き換えにその身分と雇用を廃止した（秩禄処分）。そのなかにはその資金を元手にして資本家として成功するものもいたが，大部分は事業に失敗し（武士の商法），無産者になるほかなかった。他方，農村においても，封建的土地所有は地主・小作関係に変わったが，多くの小作人の生活はきびしく，子供たちの多くは小学校を出るとすぐ働きにだされた。こうして労働者予備軍がイギリスとは異なった形態であるが準備されたのである。

　資本の登場と大量の労働者予備軍の形成，そして両者の結びつきによる資本主義の形成過程を資本の本源的蓄積過程という（原始的蓄積，略して原蓄ともいう）が，この本源的蓄積期に，すでに資本が必要とする以上に労働者は過剰に形成されていたのである。

　そして産業革命期にはいると，たしかに大量の労働者が必要とされたが，すでに考察したように，そこにおける労働は機械に対応する単純労働が中心であるために，児童や女性を含めていわば家族総出で，労働者として過酷な条件のもとで労働に従事した。すなわち労働者は総体として，資本が必要とする以上に大量に供給されたのである。労働者階級総体としての生活・労働条件の悪化は，貧困化として社会問題となった。そして労働運動・社会運動の展開を背景として，一定の対策が打ちだされたことはすでにみたが，なお労働者総体の過剰と貧困化に十分な歯止めがかからなかったのが19世紀である。

　20世紀重化学工業段階以降においては，労働運動の進展や社会政策によって，労働条件は全体として改善されるとともに，労働力の供給に対しても一定の制限が加えられた。とはいえ，労働力は需要に対して傾向として過剰であり，労働力不足が資本蓄積の障害となるということは，先進諸国においては人口の増大が頭打ちとなり，日本のように高齢化と少子化の急速な進行によって人口減少社会にはいっても，なお生じてはいない。グローバリゼーションの進展による移民労働者の流入など，先進資本主義諸国においては労働力の不足を解消する手段があるためである。他方，後発の途上国の工業化は，やはり資本の必要以上にいっそうの労働者の増大を生じさせている。そこでは先進資本主義諸国

が経験した原蓄が推進されているのであり，過剰労働者の一部は先進資本主義諸国に流入している。

　まず歴史的事実として，資本主義経済の生成・発展，そして現在の到達点にいたるまで，つねに資本が必要とする以上の過剰人口が存在したこと，好景気が持続して労働力が不足気味となり，賃金が上昇したことはあっても，それは一時的であり，資本蓄積の足かせとなるまでにはいたらなかったことを確認しておきたい。

2　相対的過剰人口

　その前に，相対的過剰人口論は，絶対的過剰人口論への批判でもあるということを説明しておきたい。

　産業革命の本格化とともに，貧困は重大な社会問題となったが，それについてのひとつの解答を示したのが，トーマス・ロバート・マルサスの『人口論』（1798年）であった。マルサスは，食糧は算術級数的（1，2，3，4，……）にしか増大しないのに，人口は制限されなければ幾何級数的（$2^0=1$，$2^1=2$，$2^2=4$，$2^3=8$，……）に増加すること，すなわち食糧に対する人口の絶対的過剰が貧困の原因であるとした。そうした認識から打ち出される対策は，産児制限などの人口抑制策であり，貧困者への生活保護などの救済措置は人口を増加させるとして反対した。

　マルサスの論敵であったデーヴィッド・リカードは，イギリスへの食糧輸入を制限している穀物法を撤廃し，外国から安価な穀物を大量に輸入すべきであり，その代価は工業製品の輸出で十分にまかなえるとする自由貿易を主張した（『経済学および課税の原理』1817年）。地主や農業経営者の利害に立つマルサスと，産業資本の利害に立つリカードということもできるが，両者は相反する主張をしながらも，リカードはマルサスの絶対的過剰人口論を前提として受け入れたうえでの政策論争をしている。彼らの絶対的過剰人口論は，資本主義のメカニズムとは切り離して人口と食糧との量的関係としてだけ問題としているのである。

　それに対してマルクスは，資本蓄積が必要とする以上の過剰人口は，資本の本性それ自体が生み出すのであり，資本蓄積が過剰人口を生み出すそのメカニ

ズムを解明しようとしたのである。

　なお，いうまでもないことであるが，相対的過剰人口とは，資本蓄積が必要とする以上の相対的に過剰な労働者予備軍が絶えず存在し，そのことが資本の順調な蓄積を可能とするということであって，資本蓄積が進行すれば過剰人口も累積的に増大するということを意味しているわけではないことである。また労働力に対する需要と供給の関係によって，ときには労働力が不足するという事態が生じることもある。ただ，そうした事態が生じても，資本蓄積が困難になるというところまではいたらないということである。

　それではなぜ資本主義経済は労働力不足という問題を生じさせないのであろうか。資本蓄積が必要とする以上に労働力人口が存在すること，それを相対的過剰人口とか産業予備軍というが，なぜそれらが存在し続けるのか，ということでもある。

　第1に，すでに検討したことであるが，一つは資本蓄積の進行は同時に資本の有機的構成を高度化させ，相対的に可変資本の割合を低下させるから，労働力の需要は資本蓄積に比例しては増加しないことである。

　第2に，資本主義化それ自体が旧来の経済システムや生産様式を解体させ，そのことによって労働者に転化する人口を絶えず増大させてきたことである。たとえば毎年経済成長率が約10％という日本の高度経済成長は1955年頃から始まったが，当時はまだ就業者の4割以上が農業を中心とする第一次産業に従事していた。そして高度経済成長に必要な労働力は農村から大量に供給されるとともに，農業の近代化と合理化によって農業の就業者数は急減していった。そのことが日本の長期にわたる高度経済成長を支えたのである。

　第3に，仮に好景気の持続等によって一時的にではあれ労働力が不足するという事態が生じても，それを労働者の労働時間の延長や労働強化によって乗り切ることができるからである。とくに日本では残業が常態化するとともにサービス残業（不払い労働）さえ後を絶たない。

　第4に，そのこととも関わるが，本来は生産力の発達は相対的に労働を節約させ，それは労働時間の短縮につながるのであるが，資本はその本性としてそのようなことはしない。むしろ失業者を大量に発生させ，それを雇用労働者に対する圧力として利用しながら，できるだけ長時間働かせ，また賃金を抑え

る武器として活用する。失業者や不完全就業者が増大する一方では，働きすぎで過労死する労働者が後を絶たないのが現実である。

　第5に，資本主義は本質的にグローバリゼーションを推し進めるが，その一つは労働力の国際的な移動である。もし国内に労働力が不足しそうになると，門戸を開いて外国人労働者を雇用して乗り切ることができる。日本でもそれ以前から不法入国・就業者は存在していたが，1990年に入国管理法が改正され，日系人の就業が正式に可能になった。そしていまやとくに低賃金の単純労働は，外国人留学生のアルバイトなどとともに，外国人労働者によって支えられているといっても過言ではないほど増大している。とはいえ，労働条件や家族とくに子供たちの学校への受け入れ態勢などについて十分な準備や整備もなく開放したことから，不況が長期化すると彼らの就業条件は極度に悪化するとともに，失業や教育などさまざまな社会問題を生じさせている。

　そのほかさまざまな仕組みによって，資本主義はつねに相対的過剰人口が存在するようにしてきたのである。

3　相対的過剰人口の存在形態

　それでは相対的過剰人口はどのような形態で存在しているのであろうか。ここでは今日のとくに日本に限って検討する。

　第1に，完全失業者である。日本における完全失業者の定義は**第1章第1節7**（23頁）で紹介したので繰り返さないが，簡単にいえば求職活動を続けていても週に1時間すら仕事にありつけない人である。バブル好景気で人手不足が叫ばれた時期でも完全失業率は2％台，完全失業者は134万人存在していた（1990年）。その後の長期にわたる「平成大不況」のなかで完全失業率は急上昇し，2002年には5.4％で359万人に達した。その後大不況の終焉とともに若干低下したが，2008年からの世界同時大不況で再び急増している。

　第2に，不完全就業者である。日本では非正規雇用者といわれているが，1990年代から急速に増え，今日では雇用者の3分の1，女性に限ると50％を超えるにいたった。それにもいろいろな種類があるが，その多くはパートとアルバイトであり，なお増加し続けている。嘱託社員も一定の割合を占めている。ほかに90年代末から急速に増えたのが派遣労働者と契約社員（期間工，臨時工

等）である。派遣会社に所属する派遣労働者は常用型派遣と登録型派遣とに区分されるが、登録型派遣のなかでもとくに日雇い派遣が増大している。日雇い派遣はワーキングプアの典型である。

さらに請負労働者が増大している。しかも形式上は業務請負の個人事業主や請負会社の社員でありながら、実態は派遣労働である場合を偽装請負というが、請負労働者のなかには偽装請負がかなり含まれている。実数を把握することは困難であるが、トヨタやキャノン、パナソニック、三菱重工など日本を代表するような企業も多数利用していることが発覚し、職業安定法違反として厚生労働省や都道府県労働局の行政指導を受けたり、労働者からの提訴が相次いでいる。雇用契約ではなく請負契約であるため、請負労働者には労働基準法等が適用されず、企業は社会保険や福利厚生の負担をまぬがれることができる。そのため偽装請負は後を絶たないのである。

不完全就業者は、雇用の調節弁としていまや資本にとって不可欠な相対的過剰人口である。日本は完全失業率が他の先進資本主義諸国に比べて相対的に低いが、それを覆い隠しているのがこの不完全就業者の増大である。外国人労働者の多くも必要があれば雇用され、不要になれば切り捨てられる不完全就業者である。

第3に、一時的に求職活動をやめている人や、ニートと呼ばれる労働意欲がもてない若者たちがいる。彼らも相対的過剰人口であり、絶えず労働につくことを強要されながら、さまざまな事情でそれがかなわない人々である。

第4に、生活保護世帯である。長期にわたる不況や高齢化のために生活保護受給者はすでに200万人を超えている。彼らのなかには病気や高齢等でもはや働くことが不可能な相対的過剰人口にはいらない人々が多いが、それ以外にも、将来の労働者である児童や、子育て等のために当面働けない人々も含まれる。政府・自治体は生活保護から抜けだすことを絶えず強要し、また生活保護を希望する人々に対しても、さまざまな口実を設けて生活保護の受給を制限しているのが現実である。実際に受給資格があるのに受給されていない人々は、受給者の5倍はいるという試算もある。病気やさまざまな障害を抱えながらも働かざるをえない人々の多くは不完全就業者である。

最後に、浮浪者や物乞い、空き缶等の屑拾い、スリ、かっぱらい、売春婦や

暴力団等，社会の最底辺や社会の周辺部で暮らす人々が数多くいる。

4　資本の蓄積と貧困の蓄積

　資本の蓄積は相対的過剰人口を絶えず生みだし，また労働者やその予備軍を貧困化させながら推進されてきた。しかしすでに指摘したように，彼らの生活状態の悪化は彼らの人間としての発達を阻害するとともに，労働力を劣化させ，結局は資本の再生産を妨げることになる。そのために総資本の利益のためにも，また資本主義の順調な発展のためにも，個別資本による労働条件引き下げによる剰余価値率の引き上げ競争を国家が乗りだして制限せざるをえないのである。とくに20世紀にはいると国家は労働条件の改善や一定の社会福祉を維持して社会の安定に努めてきた。そして資本の蓄積と貧困の蓄積との並存からようやく脱却したかのようにみえたが，「資本主義の黄金時代」の終焉以降しだいにその体制が崩れ，資本の蓄積が貧困の蓄積を条件としていることが再び明らかになりつつある。さらに貧困者をターゲットとした多様な貧困ビジネス（サラ金，派遣会社，請負会社，ネットカフェ等）が資本にとってのビジネスチャンスとなるまでにいたっている。

　なお，貧困や貧困化というのは，ただ「食えない」，飢餓状態にあるという生物としての人間の生存レベルでの問題ではない。飢餓状態から脱出すれば貧困の克服であるということでは決してない。どのような状態を貧困とみなし，対策をとるかについては，歴史的社会的に変化してきた。そして今日，社会的に合意されている貧困とはほぼ次のような内容である。それは，健康で文化的な社会生活を送る人間としての権利，社会における人間としての発達を保障させる権利，そしてまたそれらの権利を実現させる諸条件を享受できず，アクセスする機会さえ奪われている状態にあることである。具体的には，社会における人並みの生活を送るだけの所得が得られないこと，人間としての発達や生命・健康の維持に必要な教育や医療を十分に受けられないこと，居住する場所さえ安定的に確保できないこと，働く意欲や能力をもちながらそれを発揮する機会が得られないこと，社会から排除され孤立した状況におかれていることなど，貧困は広い意味でとらえなければならない。

　貧困の克服のために，労働の再規制とさまざまな社会的排除の克服，そして

社会福祉の再構築が今日の緊急課題として浮上しているのが現段階である。さらにいえば，資本主義の枠内でなんとか解決をはかる段階からさらに進んで，資本主義体制に縛られずにその解決への展望を構想し，実行することが求められる時代にはいりつつある。

　そのためにはワーキングプア，障害者，母子家庭，生活保護世帯等，分断されているさまざまな社会的弱者が連帯し，弱者にやさしい社会を目指した社会運動が強力に展開されなければならないが，労働組合や弁護士，各種のNGO（非政府組織）も巻き込んだ運動が展開され，年越し派遣村（2008年末）の活動など，政治を動かし，一定の成果をあげている。これらは新しい時代，新しい状況に対応し，克服しようとする階級闘争・社会運動であり，その動向を注視しなければならない。それが国民多数の共感と支持を獲得すれば，社会は大きく変わることが展望されるのである。

第8章　資本の循環と回転

第1節　資本の循環

1　資本の循環とは

　資本といっても，ここでは産業資本であるという前提での議論を続けよう。前章で資本は剰余価値を獲得して終わりということではなく，再び資本を投下して再生産を繰り返すことが通常の形態であることを説明した。すなわち，貨幣資本を出発点とすると，それが生産資本に姿を変え，そして新たに商品をつくりだすが，その商品は剰余価値を含んだ商品すなわち商品資本である。そして販売されて再び貨幣資本に戻るが，その貨幣資本は最初に投下された貨幣資本よりも増大している。そしてその過程を繰り返す。

　わかりやすくするために，まず次のように記号で図示しよう（**第13図**）。

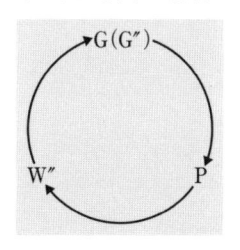

第13図　資本の循環

　資本は貨幣資本 G，生産資本 P，商品資本 W″ という形態変換と運動を繰り返しながら剰余価値を実現しているのである。

　資本の1循環は，ある資本の形態から出発して元の資本の形態に戻るまでのことである。

　産業資本は貨幣資本，生産資本，商品資本という3つの形態をとる。それゆえ資本の1循環は，貨幣資本から出発して貨幣資本に戻るまで，生産資本から

出発して生産資本に戻るまで，商品資本から出発して商品資本に戻るまで，という3つの形態の資本の循環がある。そしてそれぞれの資本循環は，資本主義経済の特徴をそれぞれ表している。どのような特徴を表しているのか，それぞれの循環についてもう少し立ち入って検討しよう。

2 貨幣資本の循環（G……G″）

最初に最もなじみの深い貨幣資本の循環からその特徴をみよう。貨幣資本の運動は次のとおりであった。

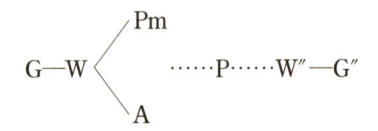

$$G—W \genfrac{}{}{0pt}{}{Pm}{A} \cdots\cdots P \cdots\cdots W''—G''$$

まずG—Wは貨幣資本で商品を購入することを示している。貨幣と商品とを交換する過程は流通過程であるが，流通過程は購買過程と販売過程とがある。G—Wは購買過程である。その際に購買する商品は，生産手段と労働力である。そして生産を始めるとその資本は生産過程で運動する資本すなわち生産資本となる。そして生産された商品資本は販売過程にはいり，貨幣資本と交換される。W″—G″はそのことを示している。すなわち貨幣資本は流通過程，生産過程，流通過程を経て1循環するのである。

出発点の貨幣Gは，1循環して再び貨幣資本に戻るが，そこではGは増殖された貨幣G″すなわちG+g(＝剰余価値)に変わっている。すなわち貨幣資本の循環は，資本の目的が価値増殖にあることを端的に表現しているのである。

しかし貨幣資本の循環では，貨幣の価値増殖が前面に出るあまり，生産過程は後景に退き，せいぜい価値増殖のための手段としてしか位置づけられていない。その典型は，重商主義的な立場からの資本の把握であるが，現代においても，たとえば生産過程をもたない，すなわち生産のすべてを外部の企業に委託するファブレス企業が近年の流行となっている。産業資本でありながら限りなく貨幣が貨幣を生む金融資本に近づけようとすることが，現代の産業資本の注目すべき戦略である。貨幣資本の増殖は，重商主義から現代まで資本主義を貫く根源的な動因である。

また貨幣資本の循環は，徹底して個別資本の立場からの運動の把握であり，他の資本との相互関係や分業関係等は考察の対象外である。

3 生産資本の循環（P……P）

生産資本は生産過程において生産活動をしている資本である。生産資本から始まって生産資本に終わる資本の循環は，生産過程から始まって生産過程に終わる循環でもある。しかし，生産資本で終わる，あるいは生産過程で終わるということは生産資本に復帰し，生産過程を繰り返す途中にあることであり，再生産を当然の前提としている資本の循環である。

貨幣資本の循環と対比すると，貨幣資本の循環の場合は，生産過程は購買と販売という二つの流通過程に挟まれたその途中に存在しているにすぎないが，生産資本の循環においては，生産過程と生産過程との間に流通過程が挟まれるという形態である。そして資本の単純再生産は生産資本Pが1循環しても同一規模であること，拡大再生産は生産資本Pが1循環して拡大していること，貨幣資本の循環と対比すると，拡大再生産は貨幣資本の拡大として表現されるのに対して生産資本の拡大として表現される。すなわち再生産の実体的な内容をよりストレートに表現しているのである。

生産があたかも自己目的のように不断の再生産と拡大を繰り返す資本の運動に注目した循環の把握であり，不断の蓄積運動としての資本の本性を表現している。経済学史的には，古典派経済学とくにアダム・スミスが注目した資本の循環である。

生産資本の循環も，貨幣資本の循環と同様に，個別資本に注目した資本の循環である。

4 商品資本の循環（W″……W″）

商品には価値の側面と使用価値の側面とがあることは，これまで繰り返し説明したことであるが，循環の出発点である商品資本は，価値の側面からいえば，すでに剰余価値を含んだ資本である。他方，使用価値の側面からいえば，最低限二つの種類に分けなければならない。というのは資本が生産・再生産するために購入する商品は，一つは生産手段Pmすなわち生産財であり，もう一つは

労働力 A であるが，労働者が賃金で購入する商品は生活手段であり，消費財である。消費財は労働者だけではなく，資本家もその剰余価値の全部で（単純再生産の場合），あるいはその一部で（拡大再生産の場合）購入する。すなわち商品は生産財と消費財というまったく質の異なった商品が生産されなければ，再生産は成り立たないのである。しかも生産財と消費財とが一定の比率で過不足なく生産されなければ，再生産は順調には進行しない。

商品資本は販売されて貨幣資本に変わるが（$W''—G''$），商品が生産財であれば販売先は（産業）資本であり，消費財であれば販売先は労働者あるいは資本家である。

それ以上の検討は次の章で行うが，少なくとも商品資本の循環は，個別資本の立場ではなく，社会における総資本の立場からその分業形態を考察しなければならない。ここに貨幣資本の循環や生産資本の循環の考察とは異なった，商品資本の循環の独自性がある。

なお，マルクス以前に商品資本の循環に注目し，社会の再生産のメカニズムを明らかにしようとしたのが重農主義者フランソワ・ケネー（『経済表』1758年）である。

5 個別資本の循環と社会的総資本

各個別資本は三つの資本形態をとりながら循環しているのであるが，同時にまた，ある時点においては，資本は貨幣資本であるとともに生産資本でもあり，さらに商品資本でなければならない。というのは，機械は日々動いており，労働者も日々働いて商品を生産しているのであり，もし循環が一つだけで，たとえば現在，資本が生産資本の段階にあるとすれば，商品が販売されて貨幣資本となるまで，次の節で述べるように一定の流通時間が必要であるから，その間は生産が継続できないことになる。原材料を日々あるいは何日かごとに購入し，労働者に支払う賃金も，週給制であれば毎週，月給制であれば毎月決まった日に支払わなければならないからである。それゆえ個別資本において，三つの資本循環は同時並行的にバランスをとりながら，過不足なく進行させなければならない。

そしてまた，社会は多数の個別資本の集合体であり，それを社会的総資本と

いうが，社会における各個別資本もまた，同時並行的にその循環を進行させている。そして諸資本の間で社会的分業が成立しており，ある個別資本が必要とするときに必要な原材料や機械類が購入できなければならない。それはまた消費財についても同様である。ある時点をとれば，三つの形態の資本が社会的にも同時に存在しており，しかもこの三つの形態にある資本が一定のバランスをとって各時点において存在していなければ，再生産は順調には進行しないのである。それを図示すれば，第14図のようになる。

第14図　資本の3形態の時間的・空間的存在

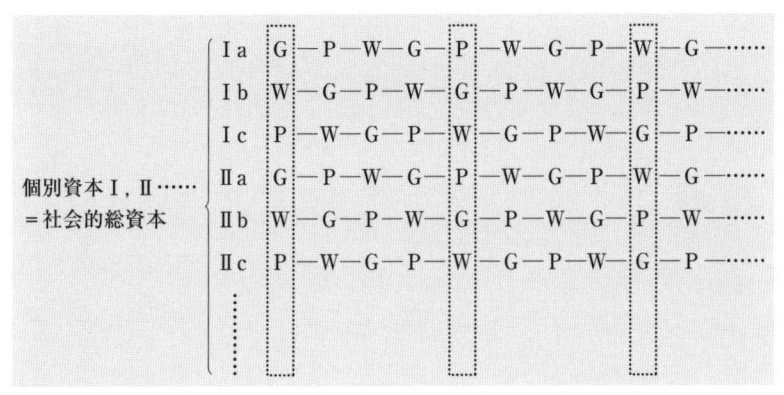

個別資本Ⅰ, Ⅱ……
＝社会的総資本

Ⅰa	G	—P—W—G—	P	—W—G—P—	W	—G……
Ⅰb	W	—G—P—W—	G	—P—W—G—	P	—W……
Ⅰc	P	—W—G—P—	W	—G—P—W—	G	—P……
Ⅱa	G	—P—W—G—	P	—W—G—P—	W	—G……
Ⅱb	W	—G—P—W—	G	—P—W—G—	P	—W……
Ⅱc	P	—W—G—P—	W	—G—P—W—	G	—P……

第2節　流通時間と流通費用

1　流通時間

　資本の循環は生産過程と流通過程をへること，そして流通過程は購買過程と販売過程の二つに分かれるが，そのどちらもへることは，資本循環の3形態のどの形態に注目しようとも変わらない。そして資本が1循環するには多かれ少なかれ時間がかかることもまた明らかである。資本が生産過程にある時間を生産時間，流通過程にある時間を流通時間とすると，時間という点からみれば，資本の1循環は生産時間と流通時間との合計である。流通時間はまた購買時間と販売時間の合計である。

　次の節で立ち入って考察するが，資本はその本性としてできるかぎり資本の

循環時間を短くしようとする。資本の循環時間の短縮は生産時間の短縮と流通時間の短縮とに分けられるが，ここでは流通時間についてだけ検討する。その前に理論的な確認をしておこう。

商品の価値は生産過程で形成され，流通過程は価値の実現過程である。そしてW—Gは価値どおりの販売すなわち価値どおりの貨幣との交換であることを前提としてきた。その前提自体についてはあとであらためて検討するが，その前提を維持すると流通時間は価値増殖が中断されている時間である。価値増殖を本性とする資本にとっては，流通時間の短縮は必須の課題である。産業資本の立場に立つと，せっかくつくった生産物はできるだけ早く売り払って現金を得たい，そしてその現金を投資して生産手段と労働力を購入し，そのためにかかる時間もできるだけ短くして再生産を続けたいというのは，当然の欲求である。

2　流通費用

流通過程において，時間が多かれ少なかれ必要であるとともに，流通にかかわる費用も必要である。商品の流通には，保管，輸送，卸売り，小売り等の諸段階があってようやく商品の販売が実現されるが，それぞれの諸段階において多かれ少なかれ費用がかかる。商品の購買についても，産業資本が原材料を購入したり必要な機械類を購入したりすることはきわめて重要であるが，同時にきわめて厄介で面倒なことであり，そのために費用もかかる。また労働力を購入するにもそれなりの費用がかかる。その費用を誰が負担するかはともかく，流通にかかわる諸費用を最小化しようとすることも，資本にとっての本性である。

3　流通諸産業の自立化

流通にかかわる時間や費用を最小化するためには，産業資本が自ら流通業務を行うよりも，それを専門とする資本・産業に委託するほうが時間や費用の節約になる場合が多い。ここでは購買を捨象して販売だけに焦点を当てるが，販売にかかわる諸業務として輸送業や卸売業，小売業等がある。それらが産業として自立化する根拠は，流通時間や流通費用の最小化にある。たとえば輸送業

の存在意義は，多数の産業資本が生産する多種多様な商品の輸送を一手に引き受けて，全体としての輸送費用を引き下げることである。しかしそのためには一定の設備と労働力が必要である。そしてまたそれが資本としての活動である以上，そのことによって利潤を獲得しなければならない。その利潤の源泉は産業資本から輸送サービスの対価として得る一定の手数料＝輸送料である。

それでは輸送費用は商品の価値に含まれるのであろうか。そういった問題については，卸売業や小売業の問題とともに第11章で検討することにする。

なお，保管についてだけ述べておくと，生産過程において生産された生産物が流通過程にはいるまで工場の倉庫等に保管されている場合と，すでに流通過程にはいっており，そこでたとえば百貨店の倉庫などに保管されている場合とは区別されなければならない。前者は生産過程の延長であり，そのために必要な倉庫等の設備は不変資本であり，そこで働く労働者も生産過程における労働者と同様に可変資本の一部である。しかし後者は流通費用の一部である。とはいえ，どちらの時間も短いほうが，また費用も少ないほうが資本にとって望ましいことには変わりがない。資本はその時間と費用の最小化に努めるのである。

第3節　資本の回転

1　なぜ資本の回転を問題とするのか

すでに資本は1循環して終わりということではなく，循環を繰り返すこと，すなわち回転することが常態であることを説明してきたが，あらためて資本の回転を取り上げるのは，資本といっても実際には回転数の異なる多様な資本によって構成されており，そのことが絶えずより多くの価値増殖を目指す資本の行動様式にも大きな影響を与えるためである。

資本の回転数の違いという問題は，これまで必要に応じてふれてきたが，ここでその問題を本格的に検討する。その前に資本の回転数ということについて説明しておきたい。

2　資本の回転数

第1節では資本の1循環＝1回転として考察したが，実際には資本の運動は

それほど単純ではない。資本のなかには他の資本が何回かの回転をへているのにようやく1回転する資本も含まれているからである。

　資本の循環は三つの形態があるが、ここでは貨幣資本の循環だけを想定しよう。そうすると、貨幣形態で投下された資本の価値が全体として再び貨幣資本に戻ってくるまでの時間が回転時間ということになる。そして回転時間は生産時間と流通時間との合計である。それは資本の1循環が生産時間と流通時間の合計であるのと変わらない。

　次に資本の回転数であるが、一定の期間、それを1年としよう。1年の間に資本が何回転するかが資本の回転数である。たとえば資本が1回転するのに4ヵ月かかるとすれば、1年の資本の回転数は3回となる。また1回転するのに2年かかるとすれば、1年の資本の回転数は0.5回となる。

3　固定資本と流動資本

　これまでは資本について、価値は変わらないで生産物である商品に移転するのか、それとも価値を新たにつくりだすのかという視角から、不変資本と可変資本とに区別してきたが、資本の回転の相違、すなわち投下された資本の還流の仕方の相違に注目すると、資本は固定資本と流動資本という新たな区別ができるし、しなければならない。

　まず流動資本からみよう。原材料などの労働対象は、個々の循環ごとにすべて生産物の素材としてはいり込むとともに、価値としてもすべて対象化され、生産物の販売によってすべて貨幣形態で還流する。生産に必要なエネルギーも労働対象であり、生産物にはその痕跡は残っていないが、価値としてはその全部が生産物にはいり込み、販売によって回収されるから流動資本である。

　もう一つは労働力である。労働力は生産過程において労働として発揮されるが、労働力の価値はすべて生産物に移っている。それゆえ労働力も、資本の回転という視角からみれば流動資本である。

　次に固定資本であるが、工場建物や機械などは、投下された資本としては流動資本が1回転しただけでは回収されつくされない。貨幣としてすべてが還流するまでに流動資本が何回転もしなければならない資本が固定資本である。ただし固定資本といってもその回転数はさまざまである。たとえば工場建物は20

年間の耐用年数があるとすると，その資本の価値は1年間に20分の1しか移転しない。そしてたとえば年に100個の生産物が生産されるとすると，建物の価値はその生産物1個について2000分の1が移転されることになる。なお減価償却の仕方には定率法と定額法とがあるが，簡単化のために定額法を用いることにする。また機械といっても5年で減価償却される機械もあれば，10年で減価償却される機械があるなどさまざまであるが，建物と同様に計算できる。1回の資本の回転では資本の価値が移転されず，また貨幣が還流されず，その多くの価値は生産場面に固定されているから固定資本というのである。決して設備が固定しているから固定資本であるということではない。

4　資本の回転数の計算

個別資本において，固定資本と流動資本とは資本の回転数が違い，しかも固定資本といっても回転はそれぞれさまざまである。2項で資本の回転数を説明したが，回転数の違うさまざまな資本の集合体であるその資本の回転数はどのように計算できるのであろうか。できるだけ簡単な例で計算してみよう。

第15図　資本の回転数の計算例

	投下資本	回転時間	年回転数	年回転額
建　物	20億円	20年	1/20回	1億円
機　械	30億円	10年	1/10回	3億円
原材料	3億円	1ヵ月	12回	36億円
労働力	2億円	1ヵ月	12回	24億円
合　計	55億円			64億円

ある資本の構成が第15図のような場合，総投下資本は55億円，1年間に64億円が還流している。そうすると年回転数は64/55で，1.16回ということになる。

5　年剰余価値率と年剰余価値量

これまで剰余価値率や剰余価値量については説明したが，回転を考慮に入れると，剰余価値率は一定であっても，回転数が異なると，一定の期間，それを

1年とすると，1年間に生み出される剰余価値の率や量は異なってくる。すなわち剰余価値率×回転数が年剰余価値率となる。剰余価値率の記号は m′ であった。回転数を n とすると年剰余価値率は m′×n となる。

剰余価値量も回転数が多くなればなるほど増える。同じく記号で表すと，年剰余価値量は m×n となる。

回転数を増やせば増やすほど年剰余価値率や剰余価値量は増えるから，資本の本性として回転速度を速めようとするのは必然である。ただし，資本主義の発展傾向として，資本の有機的構成が高度化し，とりわけ固定資本の比率が高まってゆくこともまた，必然である。資本総体に占める固定資本の比率の上昇は，資本の回転数を低下させるから，資本の回転速度を高めることには限界がある。

第9章　社会的総資本の再生産と流通

第1節　社会的総資本の分析

1　社会的総資本の分析の必要性

　これまで，基本的には個別資本の生産・再生産とその流通を検討してきた。しかし個別資本は社会的分業の一環を担い，相互に依存し，条件づけあう関係にある。

　具体的な例をあげると，ある人が自転車を買いたいとする。そのためにはその前提として自転車が生産されていなければならないが，自転車は多くの機械部品の集合体である。そして自転車を生産するためにはそのための機械類とともに，鉄鋼業やアルミ産業，タイヤをつくるゴム産業等が存在して生産活動をしていなければならない。工場建物やエネルギーも必要である。一方，購買者は自転車を買うお金を取得していなければならない。

　このように一つの商品の生産や購買を取り上げても，さまざまな諸産業，諸資本が相互に依存し，条件づけあっている。そうした諸資本の総体が社会的総資本であるが，社会的総資本においてはどのように諸資本が相互に絡みあい，どのような法則が働いているのか，そして生産と流通，消費，そして所得がどのように関係しあっているのかを解明しなければならない。

2　商品資本の循環を土台とする必要性

　社会的総生産とその分業体系を検討する場合，まず生産手段と労働力の再生産がどのように諸資本によって担われるのかが明らかにされなければならない。資本によって生産される商品は，価値の側面からいえば剰余価値を含んだ商品である。また使用価値の側面からは，大きく生産手段となる商品と労働力の再生産を保障する商品すなわち生活手段とが適切な割合で生産され，市場において取引されなければならない。すなわち商品は流通過程をへなければならない。

こうした社会的総資本の再生産と流通を考察するには、**第8章**において検討した商品資本の循環を土台とし、さらに具体化して検討することが必要である。

それではどのように具体化するかであるが、産業資本がつくりだす商品を使用価値の視点から大きく生産財（＝生産手段）と消費財（＝生活手段）に分けること、そして生産財を生産する産業部門を生産財生産部門（第Ⅰ部門）、消費財を生産する産業部門を消費財生産部門（第Ⅱ部門）とし、両部門における財としての流通・交換と価値としての流通・交換がどのように行われるのか、そこにはどのような法則が働いているのかを検討することである。

もちろん生産財といっても実際には多種多様であり、消費財といっても多種多様であるが、多種多様な諸産業・諸商品の相互依存・流通関係を検討することは一挙にはできない。それでまず大きくこの二部門に分けて考察するのであるが、社会的総資本の二部門分割による考察は、それだけで再生産と流通のもっとも基本的で本質的な関係を十分に明らかにすることができる。またその分析は、資本主義的生産関係の再生産過程の分析でもあることが明らかになるであろう。

第2節　単純再生産とその表式

1　社会的総資本の単純再生産

資本の単純再生産・拡大再生産についてはすでに**第7章**で検討したが、そこでは基本的には個別資本におけるそれであった。ここで問題とするのは社会的総資本としてのそれであり、それを商品資本循環として、また第Ⅰ、第Ⅱの二部門分割として考察することである。まず社会的総資本の単純再生産を検討しよう。

2　単純再生産の表式

単純再生産の表式は次のとおりである。

$$\text{I} \quad W_1 = c_1 + v_1 + m_1$$
$$\text{II} \quad W_2 = c_2 + v_2 + m_2$$

Wは正確にはW″であるが、複雑になるので、以下Wと書くことにする。

W_1 は第Ⅰ部門すなわち生産財生産部門において生産された商品であり，その商品は価値としては c+v+m の合計であるが，それが第Ⅰ部門であることを示すために，$_1$ という数字を添えている。

同じく W_2 は第Ⅱ部門すなわち消費財生産部門において生産された商品であり，その価値構成について，それが第Ⅱ部門であることを示すために，$_2$ という数字を添えている。

この表式をそのまま説明すると難解になるので，数字を入れて数値例で検討しよう。

Ⅰ　$4000c + 1000v + 1000m = 6000W_1$
Ⅱ　$2000c + 500v + 500m = 3000W_2$

c，v，m に数字を添えるのを省略している。またそれぞれの数字の単位は社会における総生産財と総消費財とを表しているので，単位は億円とか，億ドルとかと想定してほしい。ともかく社会的総商品資本は9000であり，そのうち生産財 W_1 が6000，消費財 W_2 が3000であり，それぞれの価値構成は上記のようになっている。資本の有機的構成はいずれも 4：1，剰余価値率はいずれも100％である。そしてそれぞれが1年に生産された総商品である。さしあたり固定資本の存在は捨象し，c はすべて流動不変資本であるとする。なお固定資本の問題はのちに別途検討する。また資本の回転時間は1年である。

第Ⅰ部門および第Ⅱ部門の可変資本は労働者に賃金として支払われ，それらはすべて消費財の購入に充てられる。また剰余価値も資本家の個人的消費として消費財の購入に充てられる。

以上のことを前提として，この表式を検討しよう。わかりやすくするために，この表式に少し手を加えて図示しよう（第16図）。

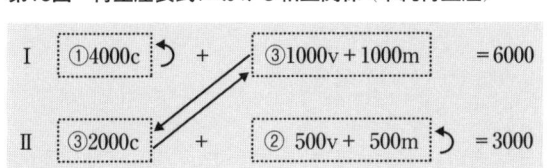

第16図　再生産表式における相互関係（単純再生産）

Ⅰ　①4000c　＋　③1000v + 1000m　＝6000
Ⅱ　③2000c　＋　② 500v + 500m　＝3000

① Ⅰ4000c について，この部分は生産財として存在している商品なので，次年度もやはり第Ⅰ部門において使われる。すなわちⅠ部門内部において相互に流通・交換される商品である。

② Ⅱ500v＋500m について，この部分は消費財として存在している商品なので，Ⅱ部門の労働者および資本家が購入して消費される。

③ Ⅰ1000v＋1000m は生産財として資本家の手中にあるが，Ⅰ部門の労働者への賃金としての支払いおよび資本家による剰余価値の取得をへて，消費財の購入に充てられなければならない。

他方，Ⅱ2000c は消費財として資本家の手中にあるが，次期の生産のために，生産財の購入に充てられなければならない。

すなわちⅠ1000v＋1000m は，Ⅱ2000c と交換されるということである。

以上の3点が，流通過程をへて順調に取引されることが，単純再生産を成立させる。そのうち①と②は部門内取引＝流通であるが，③は部門間取引＝流通であり，Ⅰ1000v＋1000m＝Ⅱ2000c が成立しなければならない。

そして次年度は

　Ⅰ　4000c＋1000v
　Ⅱ　2000c＋　500v

すなわち前期と同じ量の不変資本と可変資本とがそれぞれの部門において投資され，剰余価値が付け加えられた商品が再生産される。剰余価値率は100％で変わらない。

そうすると次年度は，

　Ⅰ　4000c＋1000v＋1000m＝6000W_1
　Ⅱ　2000c＋　500v＋　500m＝3000W_2

が再び商品として生産されることになる。

以上の数値例での説明をふまえて，さきの記号だけの再生産表式に戻り，生産財と消費財のそれぞれの需給関係を考えよう。

Ⅰ　$W_1 = c_1 + v_1 + m_1$
Ⅱ　$W_2 = c_2 + v_2 + m_2$

生産財に対する需要は $c_1 + c_2$，供給は W_1 であるから

　$c_1 + c_2 = c_1 + v_1 + m_1 \Rightarrow c_2 = v_1 + m_1$　である。

消費財に対する需要は $v_1 + m_1 + v_2 + m_2$，供給は W_2 であるから

　$v_1 + m_1 + v_2 + m_2 = c_2 + v_2 + m_2 \Rightarrow v_1 + m_1 = c_2$　である。

いずれも $v_1 + m_1 = c_2$ である。それを Ⅰ$(v+m)$ = Ⅱc とも書く。それが単純再生産成立の条件である。

3　貨幣流通による媒介

第Ⅰ部門における部門内取引，第Ⅱ部門における部門内取引，第Ⅰ部門と第Ⅱ部門との相互取引は，それぞれ貨幣によって媒介される。その関係を検討しよう。

第Ⅰ部門の資本家を K_1，第Ⅱ部門の資本家を K_2，第Ⅰ部門の労働者を Ar_1，第Ⅱ部門の労働者を Ar_2 という記号で表すことにする。再び数値例に戻って説明する。**第16図**をまた見てほしい。

①Ⅰ4000c については，Ⅰ部門内部での貨幣による生産財の交換であるから，貨幣の流れは $K_1 \rightarrow K_1$ である。

②Ⅱ500v+500m については，Ⅱ部門内部での貨幣による交換であるが，これを次の二つに分けて説明しよう。

Ⅱ500v は，第Ⅱ部門の資本家から労働者に賃金として支払われ，労働者はそのお金で消費財を購入するから，その貨幣は再び第Ⅱ部門の資本家に戻る。すなわち，$K_2 \rightarrow Ar_2 \rightarrow K_2$ である。

Ⅱ500m は，第Ⅱ部門の資本家が消費財を購入し，そのお金は第Ⅱ部門の資本家に戻る。すなわち，$K_2 \rightarrow K_2$ である。

③Ⅰ1000v+1000m とⅡ2000c との部門間交換について，これも次の二つに分けて説明しよう。

Ⅰ1000v とⅡ1000c とが交換されるが，第Ⅰ部門の資本家から労働者に賃金が支払われ，労働者はそれで消費財を購入する。そして第Ⅱ部門の資本家はそ

のことによって得られた貨幣で第Ⅰ部門の商品である生産財を購入するから，貨幣は第Ⅰ部門の資本家に還流する．すなわち，$K_1 \to Ar_1 \to K_2 \to K_1$ である．

Ⅰ1000m とⅡ1000c との交換は，第Ⅰ部門の資本家は剰余価値で消費財を購入するから，貨幣は第Ⅱ部門の資本家に渡る．第Ⅱ部門の資本家はその貨幣で第Ⅰ部門の商品を購入するから，貨幣は第Ⅰ部門の資本家に還流する．すなわち，$K_1 \to K_2 \to K_1$ である．

以上，いずれも貨幣は元の資本家のところに還流する．こうした貨幣還流の法則が働くことによって，資本は再び生産を，すなわち再生産を続けることができるのである．

4　固定資本の再生産と流通

これまで固定資本の存在を捨象して，すなわち不変資本はすべて流動不変資本として単純再生産が進行する条件を検討してきたが，いうまでもなく不変資本の一定部分は固定資本である．固定資本の再生産と流通の特殊性は，固定資本の補塡が，貨幣形態では減価償却の積立として，長期にわたって少しずつ行われるのに対し，現物形態としてはある時点で一挙に行われるところにある．すなわち，価値としては摩損分だけが生産物のなかに移転し，流通過程をへて貨幣形態に転化する．そしてその部分は固定資本の減価償却のファンドとして積み立てられる．他方，固定資本の更新は，生産過程の外に蓄蔵貨幣として積み立てられていた貨幣が一挙に流通過程にはいり，労働手段が購買されるのである．

この矛盾は，社会的総資本における固定資本の購買と販売，すなわち固定資本の償却として積み立てられている年々の貯蓄額と，更新のために使われる年々の投資額とがつねに一致することによって解決される．数値例を使って説明しよう．

固定資本の耐用年数を10年とする．社会的総資本を均等に10のグループに分け，それぞれ A, B, C, ……, J とする．そして年々の固定資本の更新費が1000であるとしよう．A グループがまず更新投資をし，それ以外のグループはその翌年から順次投資をするとする．年々の減価償却積立金は各グループとも100である．そうすると第17図のようになる．

第17図　固定資本の更新投資と償却積立

	第1年度	第2年度	第3年度	・・・・	第10年度	第11年度
A	1000 (100)	(100)	(100)		(100)	1000 (100)
B	(100)	1000 (100)	(100)		(100)	(100)
C	(100)	(100)	1000 (100)		(100)	(100)
・ ・ ・						
J	(100)	(100)	(100)		1000 (100)	(100)
総投資 （総貯蓄）	1000 (1000)	1000 (1000)	1000 (1000)		1000 (1000)	1000 (1000)

5　不均衡と均衡

　社会的総資本における単純再生産は，以上に説明したように，① I (v+m) = IIc，②貨幣還流の法則，③固定資本における更新投資総額と償却積立金総額との一致，という条件を満たさなければ，順調には進行しない。しかし資本主義経済は計画経済ではない。社会的総資本を構成する各個別資本は，それぞれの思惑で生産し，また投資を行うのであるから，実際には社会的に三つの条件がつねに満たされる保証はない。むしろ不均衡こそが常態である。その不均衡は価格変動を通じて市場において調整される。すなわち不均衡の絶えざる調整としての均衡である。

　ただし，市場における調整がスムーズにゆかず，不可能になるまで不均衡が累積的に増大すれば，それは恐慌として爆発し，暴力的に調整されることになる。

第3節　拡大再生産とその表式

1　社会的総資本の拡大再生産

　第7章第2節（103頁）で検討したように，拡大再生産は剰余価値のすべてが資本家の個人的消費に使用されてしまうのではなく，その一部が資本として

追加投資されることによって可能となる。社会的総資本の拡大再生産を，単純再生産を考察した際と同様に，商品資本の循環を二部門に分割して考察する。

2 拡大再生産の表式

ここでも不変資本 c はさしあたってすべて流動不変資本とする。拡大再生産においては，剰余価値は資本家の個人的消費にまわる部分（＝mk）と蓄積にまわる部分とに分かれ，蓄積部分はさらに追加不変資本（＝mc）と追加可変資本（＝mv）とに分かれる。それゆえ拡大再生産の表式は次のようになる。

I　$W_1 = c_1 + v_1 + m_1$　（→$mc_1 + mv_1 + mk_1$）
II　$W_2 = c_2 + v_2 + m_2$　（→$mc_2 + mv_2 + mk_2$）

これは**第7章**で説明した拡大再生産を二部門に分け，その価値構成のそれぞれがどの部門かを示すために $_1$, $_2$ という数字を添えたものである。

拡大再生産が行われるためには，あらかじめ余剰生産手段と追加的労働力と，追加的労働力を維持する消費財が存在していなければならない。追加的労働力は資本主義的生産様式のもとでは労働力を過剰化するメカニズムが働いているので，資本はいつでもそれを得ることができる。また追加的労働力を購入し維持するために必要な消費財は，m_1 は mk_1 に，m_2 は mk_2 に減少するから，その分をまわせば足りる。しかし余剰生産手段はそうはいかない。

余剰生産手段は今年度の生産財生産額から生産において消費された両部門の不変資本を差し引いたものであって，生産の拡大のために充てることができる生産手段である。

余剰生産手段を ΔPm という記号で表すと，余剰生産手段は両部門の追加不変資本の合計に等しくなるから

$$\Delta Pm = W_1 - (c_1 + c_2)$$
$$= c_1 + v_1 + mc_1 + mv_1 + mk_1 - c_1 - c_2$$
$$= v_1 + mc_1 + mv_1 + mk_1 - c_2$$

また，$\Delta Pm = mc_1 + mc_2$ であるから

$$v_1 + mc_1 + mv_1 + mk_1 - c_2 = mc_1 + mc_2$$

ゆえに，$v_1 + mv_1 + mk_1 = c_2 + mc_2$

すなわち $\mathrm{I}(v+mv+mk) = \mathrm{II}(c+mc)$ が成立しなければならない。

そのうえで，さきの単純再生産の場合と同様に，第Ⅰ部門と第Ⅱ部門とのそれぞれの需給関係をみると，それぞれ次のようになる。

生産財に対する需要は $c_1+c_2+mc_1+mc_2$，供給は W_1 であるから

$c_1+c_2+mc_1+mc_2 = c_1+v_1+mc_1+mv_1+mk_1$

$\Rightarrow c_2+mc_2 = v_1+mv_1+mk_1$

消費財に対する需要は $v_1+v_2+mv_1+mk_1+mv_2+mk_2$，供給は W_2 であるから

$v_1+v_2+mv_1+mk_1+mv_2+mk_2 = c_2+v_2+mc_2+mv_2+mk_2$

$\Rightarrow c_2+mc_2 = v_1+mv_1+mk_1$

すなわち，いずれの場合においても $\mathrm{I}(v+mv+mk) = \mathrm{II}(c+mc)$ が成立しなければならない。

3 拡大再生産表式の数値例

以上の説明をふまえて，今度は数値例を使って検討しよう。ここでは二つの数値例を取り上げる。

数値例（1）

  Ⅰ $4000c + 1000v + 1000m = 6000W_1$
  Ⅱ $1500c + 750v + 750m = 3000W_2$

$W_1 = 6000$，$W_2 = 3000$，合計9000は単純再生産の場合と同様である。ただし資本の有機的構成は第Ⅰ部門が4：1であるのに対して第Ⅱ部門は2：1である。

拡大再生産において資本構成は不変，剰余価値率も100％で不変であるとする。第Ⅰ部門の蓄積率は50％，すなわち剰余価値の半分が蓄積にまわると仮定する。そして第Ⅱ部門の蓄積率は第Ⅰ部門に従属して決まるとする。

第Ⅰ部門は

  Ⅰ $4000c + 1000v + 1000m(\to 400mc + 100mv + 500mk) = 6000$

となる。

余剰生産手段 ΔPm は，$6000 - (4000 + 1500) = 500$ である。500の余剰生産手

段のうち400は第Ⅰ部門の蓄積に使われるから，100が第Ⅱ部門の蓄積に使われることになる。

また，拡大再生産が成立する表式Ⅰ(v+mv+mk) = Ⅱ(c+mc)に数値を代入しても，Ⅱmcは求められる。第Ⅱ部門の資本構成は2：1であるからmcが決まるとmvも決まる。

そうすると第Ⅱ部門の剰余価値750mは100mc+50mv+600mkとなるから

  Ⅱ　1500c+750v+750m(→100mc+50mv+600mk)=3000

となる。

以上のことをふまえて，この表式を検討しよう。単純再生産の場合と同じように，この表式を変形して図示しよう（第18図）。

第18図　再生産表式における相互関係（拡大再生産）

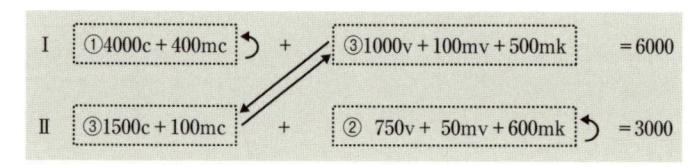

| Ⅰ | ①4000c+400mc | + | ③1000v+100mv+500mk | =6000 |
| Ⅱ | ③1500c+100mc | + | ②　750v+ 50mv+600mk | =3000 |

①Ⅰ(4000c+400mc)は生産財として存在している商品なので，Ⅰ部門内部で流通・交換される。

②Ⅱ(750v+50mv+600mk)は消費財として存在している商品なので，Ⅱ部門内部で労働者および資本家が購入して消費される。

③Ⅰ(1000v+100mv+500mk)は生産手段の形態をとってはいるが，労働者および資本家の個人的消費のために消費手段に転態されなければならない価値部分である。

また，Ⅱ(1500c+100mc)は消費手段の形態をとってはいるが，次年度の再生産のために生産手段に転態しなければならない価値部分である。

すなわち，Ⅰ(1000v+100mv+500mk) = Ⅱ(1500c+100mc)でなければならない。

そうすると次年度は

Ⅰ　4400c + 1100v
Ⅱ　1600c + 800v

がそれぞれ投資される。剰余価値率は100％であるから，その結果各部門において次のように商品生産が実現する。

Ⅰ　4400c + 1100v + 1100m = 6600　　蓄積率 50％　　拡大率 10％
Ⅱ　1600c + 800v + 800m = 3200　　蓄積率 20％　　拡大率 6.67％

さらに第3年度は，同様に第Ⅰ部門の蓄積率50％で，資本構成と剰余価値率は不変，第Ⅱ部門の蓄積率は第Ⅰ部門に従属して決まるとすると，Ⅰmc は440，Ⅰmv は110となる。Ⅱmc は Ⅰ(1100v + 110mv + 550mk) = Ⅱ(1600c + mc) より，160となる。

Ⅰ　4400c + 1100v + 1100m(→440mc + 110mv + 550mk) = 6600
Ⅱ　1600c + 800v + 800m(→160mc + 80mv + 560mk) = 3200

それゆえ第3年度は

Ⅰ　4840c + 1210v + 1210m = 7260　　蓄積率 50％　　拡大率 10％
Ⅱ　1760c + 880v + 880m = 3520　　蓄積率 30％　　拡大率 10％

となる。

それでは第4年度はどうなるか，自分で計算してもらいたい。その解答はこの節の末に載せておく。

次にもう一つ数値例を検討しよう。

数値例(2)

Ⅰ　4400c + 1100v + 1100m = 6600
Ⅱ　1600c + 400v + 400m = 2400

この数値例は，数値例(1)と同じく合計が9000であるが，数値例(1)との相違

は，Ⅰ部門は6600，Ⅱ部門は2400であること，また両部門とも資本構成は4：1であることである。

そして最大の相違は，Ⅰ部門の蓄積率を50％とするとⅡ部門も50％であり，しかもそれ以後毎年の拡大再生産においてもこの条件を満たしながら進行することである。具体的にみてみよう。

 Ⅰ 4400c + 1100v + 1100m(→440mc + 110mv + 550mk) = 6600
 Ⅱ 1600c + 400v + 400m(→160mc + 40mv + 200mk) = 2400

次年度の表式

 Ⅰ 4840c + 1210v + 1210m(→484mc + 121mv + 605mk) = 7260
 Ⅱ 1760c + 440v + 440m(→176mc + 44mv + 220mk) = 2640

第3年度

 Ⅰ 5324c + 1331v + 1331m = 7986
 Ⅱ 1936c + 484v + 484m = 2904

となる。両部門とも年々の蓄積率50％，拡大率10％で拡大再生産が進行する。

それでは第4年度はどうなるか，自分で計算してもらいたい。その解答は同じくこの節の末に載せておく。

この二つの数値例はそれぞれどのような意味・意義をもっているのかについては，次の節で検討する。

4 拡大再生産における貨幣還流の法則と固定資本の問題

単純再生産の場合と同様，拡大再生産が順調に進行するためには，貨幣還流の法則が成り立たなければならない。その具体的なメカニズムは複雑になるので省略するが，資本が元の資本のところに，しかも拡大された規模で還流しなければ，再投資ができず，拡大再生産が順調には進行しないことは明らかである。

同様に，固定資本の年々拡大された規模での投資が行われなければならないが，そのためには社会的総資本の総蓄積基金と総投資とが年々一致していなけ

ればならないこともまた明らかである。その具体的なメカニズムの説明は，きわめて複雑になるので省略する。

ただ，単純再生産のところでも述べたように，こうしたメカニズムは，拡大再生産の場合においても不均衡のなかの均衡として貫徹するのであって，しかもそのメカニズムは単純再生産の場合よりもはるかに複雑であり，不均衡の拡大を市場において解決することが困難となり，恐慌として暴力的に解決し，法則を貫徹させる可能性がきわめて大きいことを示しているのである。

5　数値例の解答

数値例(1)の第4年度
第3年度の剰余価値はそれぞれ次のように配分される

Ⅰ　1210m→484mc + 121mv + 605mk
Ⅱ　 880m→176mc + 88mv + 616mk

よって

Ⅰ　5324c + 1331v + 1331m = 7986　　蓄積率 50%　拡大率 10%
Ⅱ　1936c + 968v + 968m = 3872　　蓄積率 30%　拡大率 10%

数値例(2)の第4年度
第3年度の剰余価値はそれぞれ次のように配分される

Ⅰ　1331m→532.4mc + 133.1mv + 665.5mk
Ⅱ　 484m→193.6mc + 48.4mv + 242mk

よって

Ⅰ　5856.4c + 1464.1v + 1464.1m = 8784.6　　蓄積率 50%　拡大率 10%
Ⅱ　2129.6c + 532.4v + 532.4m = 3194.4　　蓄積率 50%　拡大率 10%

第4節　再生産表式の意義と限度

1　再生産表式の意義

　再生産表式のなによりも重要な意義は，最大限の剰余価値を求めて運動する個別資本の無政府的な資本活動において，社会的にどのような法則が働き，貫徹しているかを明らかにしたことである。そしてまた，生産と消費，所得の相互関係を明らかにすることによって，それは資本主義的生産関係の再生産過程でもあることを明示したことである。

　しかし，社会的に貫徹している再生産と流通の諸条件は，不均衡のなかの均衡として貫徹するものであって，わずかなズレをも許さないというものではない。ただし市場メカニズムの働きによってその不均衡が絶えず調整されるという保証は必ずしもない。不均衡の累積的拡大は，恐慌という暴力的な現象によって解決されるにいたることが十分に予測されるのである。

　もちろん現代ではすべてを市場にまかせるのではなく，資本の運動についての規制やルールを整備するとともに，経済の動向を調査・計測し，必要とあれば国家が市場に介入して景気の波を調整し，恐慌という事態に陥らないように努めている。また，それでも恐慌になれば，事態の悪化を防ぎ，また早期に脱出すべく対策をとる。もちろん経済制度や政府の対策がどの程度成功するかは別であるが，それについては**第14章**で検討する。

　ともあれ再生産表式の分析によって明らかにされたことは，無政府的な資本主義的市場経済において，個々の資本が理解しえない，また理解してもどうにもならない順調な再生産を可能とする諸条件・諸法則が働いていること，それらの諸条件・諸法則は同時にそのまま恐慌にいたる諸条件でもあるということである。

2　拡大再生産の数値例の特徴と限界

　数値例は拡大再生産が順調に進行する諸条件をきわめてわかりやすく説明したものである。本書ではそのうち二つの例をあげたが，その(1)は，資本主義経済の発展段階からすれば，19世紀軽工業段階を反映しているといえる。とい

うのは，第Ⅱ部門（＝消費財生産部門）は基本的には軽工業が中心であり，その資本構成は第Ⅰ部門（＝生産財生産部門）が4：1であるのに対して第Ⅱ部門は2：1であること，すなわち労働集約的な産業部門であることを示している。しかもその数値例は第Ⅰ部門の蓄積率に従属して第Ⅱ部門が拡大すること，すなわち第Ⅰ部門の優先的発展と消費拡大の従属ということを示しているからである。ただし，数値例(1)では，第Ⅰ部門の蓄積率はつねに50％であるのに対して，第Ⅱ部門の蓄積率は最初の年は20％で，それ以降は30％で一定である。また拡大率は最初の年こそ第Ⅰ部門が10％であるのに対して第Ⅱ部門が6.67％と低いものの，それ以降はつねに両部門とも10％であり，この数値例から直ちに消費の立ち遅れを読み取るわけにはいかない。

　一方，数値例(2)は，20世紀重化学工業段階とりわけ第二次大戦後今日にいたる現代資本主義の状況を反映したものであるといえる。というのは，もはや消費財産業は労働集約的産業とはいえず，第Ⅰ，第Ⅱ部門とも資本構成が同じであるというのは現代的な状況を反映しているからである。また両部門とも蓄積率，拡大率が同じであるということ，すなわち第Ⅰ部門の優先的発展ではなく，両部門の同時均等的拡大ということも，現代的状況を反映している。もちろんそのことから直ちに，生産と消費との矛盾が解消されているのが現代資本主義であるということを意味するわけではない。むしろ生産財と消費財とが同一の比率で拡大しなければならないこと，しかしその条件は現実には保証されていないことこそ，この数値例から読み取らなければならないことである。

　ただし，拡大再生産の数値例は，Ⅰ$(v+mv+mk)$＝Ⅱ$(c+mc)$という条件を満たしさえすればいくらでもつくれる。それゆえ数値例自体の過大評価やそこから強引な結論を導きだそうとすることには注意が必要である。しかし，たとえば数値例(1)を改良し，19世紀的資本主義経済をより明確に反映したような数値例をつくることは意味があるだろう。

　なお，どちらの数値例も，資本主義経済の長期発展傾向である資本の有機的構成の高度化や剰余価値率の上昇といった問題を組み込んではいない。それらを組み込もうとした試みはつねにあるが（その代表例はローザ・ルクセンブルグの『資本蓄積論』（1913年）であり，理論的にも実践的にも大きな論争を巻き起こしたが，その数値例は不完全なものであった），数値例はあくまでもモデ

ルである。とはいえ数値例を工夫することによって、資本主義経済の発展の歴史段階や、一国の再生産構造の特徴をある程度明示することはできる。

3 再生産表式の具体化と多部門分割・分析

再生産表式は二部門分割であるが、この二部門分割を基礎としつつ、たとえば第Ⅰ部門を生産財用生産手段生産部門と消費財用生産手段生産部門とに細分割することや、第Ⅱ部門を生活必需品と奢侈品（＝ぜいたく品）の生産部門とに分けたりすることは、再生産表式の具体化として一定の意味をもっており、『資本論』でも部分的には行われている。

その場合、なんのために細分割するのかを明確にしなければならない。たとえば軍事品生産部門を独自の部門として設定したりすることは、それを二部門分割のなかでどのように位置づけるかという問題はあるが、軍事部門の肥大化がいかに経済を歪め、拡大再生産を阻害するかといった問題を理論的に解明するうえでは有効である。

ただし、二部門分割を基礎として細分割するのは、あくまでも再生産表式が示している資本主義的再生産と蓄積をより具体的に理論化するためである。

それに対して、産業連関表（＝投入産出表）は、そのような問題意識からではなく、現実に存在するさまざまな産業をフラットに並べ、各産業が1年間に生産した財・サービスがどのように他産業や家計、輸出等に配分されたのかを行列（マトリックス）の形で一覧表にしたものであり、マルクスの再生産表式などから着想を得てワシリー・レオンチェフが開発したものである（『アメリカ経済の構造』1941年）。

日本では5年ごとに作成されているが、2005年産業連関表は、もっとも詳細な行520×列407部門表のほかに、190部門表や34部門表などが作成されている。産業関連表の列方向は各財・サービスの生産に当たって用いられる投入費用構成を表し（＝供給）、行方向は各財・サービスの生産物の販路（販売先）構成の内訳が示され（＝需要）、1年間の経済活動すなわちその国で行われた産業相互間および産業と家計や海外との財・サービスの取引が表示されている。産業連関表は経済の全体的な構造を明らかにしたり、経済政策の波及効果分析や経済の将来予測等に広く活用できる有効な分析装置である。その仕組みの概略

第19図　産業連関表の仕組み

需要部門(買い手) \ 供給部門(売り手)	中間需要 1 農林水産業　2 鉱業　3 製造業　... [生産される財・サービス]			計 A	最終需要 家計外消費支出／消費／固定資本形成／在庫／輸出				(控除) 輸入 C	国内生産額 A＋B−C
	1	2	3					B		
中間投入　1 農林水産業　2 鉱業　3 製造業　... [供給される財・サービス]	↓列　→行	原材料及び粗付加価値の費用構成(投入)	生産物の販路構成（産出）							
計　D										
粗付加価値　家計外消費支出／雇用者所得／営業余剰／資本減耗引当／間接税／(控除)補助金										
計　E										
国内生産額　D＋E										

注1：行生産額（A＋B−C）と列生産額（D＋E）は一致する。
注2：粗付加価値の合計と最終需要−輸入の合計は一致する。
出所：総務省統計局ホームページより。

を図で示すと，**第19図**のようになる。なおこの図の中間投入とは生産活動に必要な原材料やサービスの購入費用のことであり，また粗付加価値の合計はGDPとほぼ一致する。

　再生産表式と産業連関表とはまったく異なった目的のために開発された表である。そのことをふまえて，たとえば軍事産業の存在やその肥大化が社会的再生産構造に及ぼす影響を理論的に解明するためには，再生産表式の具体化として軍事産業部門を組み入れて分析し，その数量的・実証的研究のためには産業連関表を利用した分析をすることが有効である。レオンチェフ自身も，第二次大戦が終結すると大不況が到来するのではないかという不安に対して，軍事産業を平和産業に転換することによって生産も雇用も維持されるということを，産業連関分析によって具体的な数字で示したのである。

第10章　利潤と利潤率，競争と利潤率の均等化

第1節　費用価格と利潤

1　剰余価値と利潤

　これまで剰余価値はどのように生みだされ，またそれが資本のものになるかを解明した。しかし資本家の目には，それが利潤として見える。利潤は剰余価値の現象形態である。そして資本はより多くの利潤の獲得を目指して運動する。しかも剰余価値は本質，利潤は現象形態であって，同じものに対する見方の相違というだけにはとどまらない。剰余価値を利潤としてとらえると，利潤の源泉もまた，剰余価値の源泉とはまったく異なった見方が生じる。すなわち利潤は，販売価格から費用価格（＝コスト）を差し引いたものとして表象される。そうすると利潤は商品をできるだけ高く売ることから生じるという観念さえ生じる。それは，利潤の源泉は生産過程ではなく流通過程から生じるという観念でもある。

2　費用価格

　剰余価値が利潤として現象すると，不変資本と可変資本の合計すなわち投下資本が費用価格（＝コスト）として現象する。もはや不変資本と可変資本との本質的区別はなくなり，資本にとってはどちらもコストの構成部分にすぎなくなる。剰余価値の本質は見失われ，商品の（販売）価格は費用価格プラス利潤として現象する。そして利潤は投下資本総体すなわち費用価格が生み出したものとみなされることになる。費用価格を k，利潤を p という記号でこれから表すことにすると，価格 $= k + p$ ということになる。

　それでも，商品の価格は $c + v + m$ の価格としての現象であって，価値に規定されることには変わりはない。すなわち $c + v + m \Rightarrow k + p$ である。

　しかし，投下資本が費用価格として現れると，それは観念にとどまらず，そ

うした観念にもとづいて利潤の計算が実際に行われるのである。とくに重要なことは固定資本についてである。固定資本の価値移転はすでに明らかにしたように生産物にはわずかずつしか移転されない。そして費用価格もそうした計算のもとに行われる。ところが利潤は投下された総資本によって生みだされたものとして計算される。というのも，現実の生産過程においては固定資本も含めた総資本が機能しているので，利潤の形成には総資本の全体が寄与するとみなされるからである。そうなると，資本にとっては不変資本と可変資本との区別よりも，固定資本と流動資本との区別のほうが重要な関心事になる。そのことについては，節をあらためて利潤率について考察することによって明らかにしよう。

第2節　利潤率

1　剰余価値率と利潤率

　剰余価値は可変資本が生みだしたものであり，労働力の価値と労働によって付加された価値の差が剰余価値である。それゆえ剰余価値率 $m' = \dfrac{m}{v}$ であることはいうまでもない。

　ところが利潤率（それを p' という記号で表現する）は，利潤は投下資本が全体として生みだしたものであると観念されることから，利潤率は $p' = \dfrac{m}{c+v}$ すなわち $p' = \dfrac{p}{k}$ として計算されることになる。

2　利潤率と固定資本投資

　しかも前節で説明したように，投下された総資本のなかには固定資本も含まれるが，その総体が利潤を生みだすと観念されるために，利潤率の分母である $c+v$ あるいは k は，必ずしも費用価格と一致するとはかぎらないことである。簡単な数値例で説明しよう。

　ある個別資本は1年に $80c + 20v + 20m = 120$ 億円 の商品を生産しているとする。あとで年利潤率について検討するが，さしあたり1年を単位とし，資本の回転数も1年に1回とする。そうすると利潤率は $\dfrac{20m}{80c+20v}$ であるから20％である。

その資本が生産拡大のために機械の新規購入に10億円の投資をしたとする。この機械は10年間稼働し，毎年１億円が減価償却に充てられる。本来ならば機械を稼働させて生産を拡大するには原材料や追加労働力も必要であるが，さしあたりそれは無視しよう。それらを無視するのは，固定資本の投資という問題に焦点を絞るためである。

10億円新規投資した機械の価値は１年に１億円分が生産物の価値に入り込み，費用価格もそれを反映して１億円増える。また，新規投資により利潤も１億円増えたとしよう。問題は利潤率である。

利潤率は投下総資本に対する利潤の割合として計算される。そうすると新規投資部分だけを切り離した部分利潤率 $\varDelta p'$ は，投下資本の増加分 $\varDelta c$ は10億円，利潤の増加分 $\varDelta p$ は１億円であるから，10％である。

$$\varDelta p' = \frac{\varDelta p}{\varDelta c} = \frac{1}{10} = 10\%$$

この個別資本が獲得している利潤率20％よりも，新規投資による利潤率のほうが低いことになる。追加投資による原材料や労働力の増加分を入れると，利潤率はさらに低くなる。ここに資本にとっての矛盾がある。

資本にとっては，より多くの利潤を獲得することが使命であり，そのために固定資本の新規投資をして生産を増加させなければならない。他方，資本はより高い利潤率を求めて運動する。しかし，さきの例のように投資をすれば利潤率を低下させることになる。より多くの利潤の獲得と，より高い利潤率の実現との間には矛盾があり，両立できないことになる。

ただし，この数値例では，その翌年は追加固定資本の投資が不要であり，利潤だけが１億円得られるから，長期的には資本にとっては有利な投資である。これは極端な数値例であるが，資本にとっては長期的視点に立てば利潤率や利潤量からみて投資は有利である可能性は高いとしても，実際には将来は不確実である。他方，短期的には投資は利潤率を引き下げることは確実である。具体的な例をあげると，自動車メーカーが新型モデルを開発し，実際に生産を開始するまでには３年程度かかる。その間の投資は少なくとも数百億円が必要である。それは当然ながら利潤率を引き下げる。しかもようやく生産・販売を開始しても実際に期待どおり売れるかどうかはわからない。それゆえ資本にとって

投資を決断するかどうかはつねに悩ましい問題なのである。

3　年利潤率と規定要因

　さきの数値例では年に1回転としたが，年に何回転するかが年利潤率に影響することは，すでに**第8章**で資本の回転について検討したことと同様である。すなわち1回当たりの利潤率に回転数をかけたものが年利潤率である。記号で書けば $p' \times n$ となる。1回当たりの利潤率は低くても回転数を増やせば年利潤率は高くなる。薄利多売はそういった資本の戦略を示している。

　年利潤率について，その記号をさらに次のように変形してみよう。

　年利潤率 $= \dfrac{m}{c+v} \times n = \dfrac{v}{c+v} \times \dfrac{m}{v} \times n$ である。さらに $\dfrac{v}{c+v}$ の分子・分母を v で割ると $\dfrac{1}{\frac{c}{v}+1} \times \dfrac{m}{v} \times n$ となる。$\dfrac{m}{v}$ は剰余価値率 m' であり，$\dfrac{c}{v}$ は資本の有機的構成である。それを k' とすると，年利潤率 $= \dfrac{1}{k'+1} \times m' \times n$ である。

　それゆえ年利潤率に影響を与える要因は，①回転数，②剰余価値率，そして③資本の有機的構成，の3者である。①が多ければ多いほど，また②が高ければ高いほど，年利潤率は高くなる。しかし③は高いほど利潤率を引き下げることになる。

　資本はより高い利潤率を求めることが本性であるから，資本家は利潤率を最大化しようと努めるが，利潤率を増大させる方法として，主として次のようなものがある。

　第1に，労働力の価値を引き下げることである。それは**第4章第3節**において相対的剰余価値の生産として検討したが，さらに資本は可能なかぎり労働力の価値以下への賃金の切り下げさえ実行しようとする。それらが剰余価値率を引き上げるのはいうまでもない。

　第2に，不変資本の節約である。たとえば固定資本の休止期間を短縮し，可能ならば24時間操業までも実現しようとする。また工場を1か所に集中するなど，生産手段の集中によって固定資本を節約しようとする。また工場から出る廃物の再利用等も不変資本の節約と新たな価値物の創出につながる。もちろん，より安価な原材料や機械等の利用も不変資本の節約になる。不変資本の節約は資本の有機的構成の高度化を阻止したり遅らせたりすることにつながる。ただ

し，不変資本の節約がゆき過ぎると，必要な安全設備・装置の節約や製品検査の手抜き，廃棄物を処理しないで垂れ流すなどによる労働災害や欠陥商品の生産や販売，公害などをもたらす原因となる。実際に，過去も現在も，資本は絶えずこうした問題を引き起こしてきた。不変資本の節約による利潤率の引き上げは資本の本性である。それゆえ資本に対する社会的規制によって，こうした問題を生じさせないように強力に防止されなければならない。

　第3に，資本の回転時間の短縮すなわち資本の回転数の増大のための努力である。それもまた労働強化につながりやすい。

　なお，資本にとっては，利潤率さえ高ければ生産部門はどこでもよいのである。すなわち資本にとっては，高い利潤率の獲得が目的であって，ある特定の生産物の生産はそのための手段にすぎないのである。そのことが利潤率の均等化をもたらすことにつながるのであるが，それについては節をあらためて検討しよう。

第3節　生産部門内の競争と市場価値

1　部門内競争

　社会的総資本を構成する各個別資本は，高い利潤率を求めて相互に競争しあうのであるが，社会にはさまざまな産業部門がある。そこでまずある産業部門を取り上げて，そこで諸資本がどのように競争するのか，その結果としてその部門においてどのように基準となる価値が形成されるのかについて検討しよう。問題を単純化するために1産業部門の商品は1商品であるとする。

2　市場価値・市場価格成立のメカニズム

　第4章第3節4「特別剰余価値とその獲得をめぐる資本間の競争」(65頁)を想起してもらいたい。それをある商品の生産における資本間の競争に置き換えると，特別剰余価値を求めて競争する資本間の関係が明らかになる。そしてある時点においてその商品の価値が規定されている。それが商品のその時点における社会的価値であるとともに，市場価値である。各個別資本がつくる同一商品はそれぞれ個別的価値をもつが，その時点における社会的平均的な生産条

件におけるその商品の市場価値に規定されて商品の価格が決まる。それが市場価格である。もちろん特別剰余価値をめぐる資本間の競争は続くのであるが，ある時点における市場価値を基準に，資本間の競争と需要と供給の関係が絡まって市場価格が形成される。すなわち市場価値は市場価格の変動の軸となるのである。

　特別剰余価値をめぐる資本間の競争は，剰余価値が利潤として現象するために，いまや超過利潤すなわちその商品の平均的な利潤以上の利潤を求める資本間の競争として展開される。また，個別資本にとってはその個別商品の価値が市場価値に規定されるために，利潤率は相違する。しかし，資本の本性として低い利潤率に甘んじることはできない。それゆえ資本間の競争はより高い利潤率そしてより多くの利潤を獲得しまた実現するための競争として現れるのである。

　同一部門内の諸資本の競争は，同一商品のいろいろな個別的価値を同じ市場価値と市場価格に収斂させるが，それはある個別資本に超過利潤（＝特別剰余価値）を実現させるとともに，個別的価値の市場価値への均等化を通じて超過利潤を消滅させてゆく動態的なプロセスでもある。

第4節　生産部門間の競争と平均利潤率の形成，生産価格

1　部門間利潤率の相違

　前節では議論を単純化するために1産業部門＝1商品としてその商品の市場価値・市場価格，そして利潤率と利潤量がある時点において形成されるメカニズムを説明したが，部門あるいは商品が違えば，当然ながらその利潤率も同一ではない。利潤率を規定する要因についてはすでに説明したが，同様に各部門の利潤率は，①資本の有機的構成，②剰余価値率，③資本の年回転数によって規定される。それらの相違によって部門間の利潤率も相違するのである。

2　部門間資本移動

　部門間の利潤率の相違をもたらす要因のうち，議論を単純化するために剰余価値率はどの部門でも一定でありまた年回転数も同じであるとすると，部門間

の利潤率の相違を規定するのは資本の有機的構成である。資本の有機的構成は生産部門によってまちまちである。有機的構成の低い労働集約的な部門もあれば有機的構成の高い資本集約的な部門もある。そして資本構成の相違によって利潤の量は異なり，利潤率も異なるのである。

資本は高い利潤率を実現することが課題であり，部門間に利潤率の相違があれば資本間の自由競争と資本の自由移動を前提とするかぎり，資本は利潤率の高い部門に必ず移動する。

3　資本の部門間移動による利潤率の均等化

資本移動による需給関係の変化は諸商品の価格を変動させる。そして利潤率の相違があるかぎり資本移動と価格変動はなくならない。資本の部門間移動，すなわち利潤率の低い部門から高い部門への資本の移動は，利潤率を均等化させることになる。それを平均利潤率と名づけよう。それでは資本の部門間移動と平均利潤率の形成はどのように行われ，そして価格はどこに落ち着くことになるのであろうか。数値例を使って検討しよう。

4　利潤率の均等化による平均利潤率の形成と生産価格

次の五つの産業部門がある。各部門とも投下資本は100である。固定資本の存在は捨象し，すべて流動不変資本である。剰余価値率は一定（＝100％）である。各部門の市場価値・価格と利潤率は以下のとおりである。

$$
\begin{array}{lllll}
\text{I} & 95c + 5v + 5m = 105 & \text{利潤率 } p' = 5\% \\
\text{II} & 85c + 15v + 15m = 115 & p' = 15\% \\
\text{III} & 80c + 20v + 20m = 120 & p' = 20\% \\
\text{IV} & 75c + 25v + 25m = 125 & p' = 25\% \\
\text{V} & 65c + 35v + 35m = 135 & p' = 35\% \\
\hline
\text{合計} & 400c + 100v + 100m = 600 & p' = 20\%
\end{array}
$$

資本は利潤率の低い部門から高い部門に移動する。その結果，利潤率の低い部門における供給は縮小し，逆に利潤率の高い部門は供給が過剰となり，需要と供給との関係から利潤率は均等化する。その場合の平均利潤率は20％となる。

各部門（＝商品）の価格は需要と供給の関係から平均利潤率によって調整される。そうすると各部門の価格は

  Ⅰ 95c ＋ 5v ＋ 20p ＝ 120
  Ⅱ 85c ＋ 15v ＋ 20p ＝ 120
  Ⅲ 80c ＋ 20v ＋ 20p ＝ 120
  Ⅳ 75c ＋ 25v ＋ 20p ＝ 120
  Ⅴ 65c ＋ 35v ＋ 20p ＝ 120

となる。

平均利潤率が成立すると，商品はその価値によってではなく，平均利潤率を投下資本額に乗じて割り出される平均利潤を，費用価格に付加した価格で売られる。それが生産価格である。この例では各部門とも

  費用価格 k（＝100）＋平均利潤 p（＝20）＝生産価格（＝120）

となる。

利潤率の低い部門から高い部門に資本が移動するが，ここで資本移動が次のように起こるとする。

  Ⅰ 100 → （－20） ⇒ 80
  Ⅱ 100 → （－10） ⇒ 90
  Ⅲ 100のまま
  Ⅳ 100 → （＋10） ⇒ 110
  Ⅴ 100 → （＋20） ⇒ 120

そうするとそれぞれの部門の生産量は次のように変化する。

  Ⅰ (95c ＋ 5v ＋ 20p)×0.8 ⇒ 76c ＋ 4v ＋16p ＝ 96
  Ⅱ (85c ＋ 15v ＋ 20p)×0.9 ⇒ 76.5c ＋ 13.5v ＋ 18p ＝ 108
  Ⅲ (80c ＋ 20v ＋ 20p)×1 ⇒ 80c ＋ 20v ＋ 20p ＝ 120
  Ⅳ (75c ＋ 25v ＋ 20p)×1.1 ⇒ 82.5c ＋ 27.5v ＋ 22p ＝ 132
  Ⅴ (65c ＋ 35v ＋ 20p)×1.2 ⇒ 78c ＋ 42v ＋ 24p ＝ 144

全部門合計では

　　393c + 107v + 100p = 600

となる。

5　生産価格と価値法則との関係

　以上の数値例から，部門別でみると，部門別の生産価格と価値とは異なっている。しかし全部門でみると，部門別の生産価格と価値との乖離は相殺されて，生産価格総額＝価値総額となっており，また利潤総額は剰余価値総額と一致している。

　すなわち

　　総価値　　＝総生産価格（＝600）
　　総剰余価値＝総平均利潤（＝100）

である。

　ただし，この数値例は，総価値＝総生産価格，総剰余価値＝総平均利潤となるようにつくられたものであって，つねにこの等式が成立するかどうかについては多くの論争がある。しかし，仮に総価値≒総生産価格，総剰余価値≒総平均利潤であっても，すなわち完全にイコールにはならなくても，なによりも重要なことは，また確認されなければならないことは，生産価格および平均利潤は，価値および剰余価値という本質が何重にもわたって隠蔽され歪められた資本主義的現象形態であること，いいかえれば価値法則と剰余価値法則の資本主義的貫徹の形態であること，そして各個別資本は自らつくりだした商品の価値や剰余価値とはかけ離れた生産価格と平均利潤を所与のものとして受け入れ，それを基準として相互に競争する関係にはいらざるをえないということである。

6　独占資本主義への移行と利潤率均等化の変質

　これまで説明してきたことは，自由競争と資本の部門を超えた自由移動を前提としたものであったが，資本の集積と集中の進展は自由競争の資本主義から独占的競争の資本主義へと転化させる。独占資本の成立は資本の自由移動をさ

まざまな要因によって阻害させ（固定資本の巨大化，独占支配による参入障壁の形成等），そのために利潤率均等化の法則が貫徹しにくくなる。すなわち巨大資本と中小資本との部門内での利潤率の格差，および部門間の利潤率の格差が解消されないで固定化される傾向が強まる。

そのことが利潤率の均等化法則をどのように変質させ，また独占価格が生産価格をどのように変質させるのかが検討されなければならない。そのことの本格的な理論的解明にまで進まなければならないのであるが，価値法則と剰余価値法則は独占資本主義化によってさらに変質し歪曲されること，それが独占資本主義の貫徹形態であることを指摘するにとどめておく。

第5節　利潤率の傾向的低下法則について

1　利潤率の低下傾向と経済学者たちの説明

資本主義経済の生成・発展にともなって，利潤率の傾向的低下が認められたことは歴史的事実であり，経済学者たちはその理由についてさまざまな見解を提示してきた。たとえばアダム・スミスは，独占が排除され，自由競争が活発化したことが原因であるとして，むしろそれを肯定的にとらえた（『国富論』1776年）。デーヴィッド・リカードは人口増大による食糧需要の増大が劣等地の耕作による食糧増産に向かわせるが，土地収穫の逓減とそれによる食糧価格の上昇が賃金を上昇させ，利潤を圧縮させることが原因であるとし，外国からの安い穀物の輸入を制限している穀物法の撤廃等の自由貿易を主張した（『経済学および課税の原理』1817年）。

20世紀にはいると，ジョゼフ・シュンペーターは技術水準が一定のもとで完全競争が貫徹していけば，利潤は低減してゆき，やがては消滅すること，それゆえイノベーションすなわち技術革新や新生産方法，新製品の開発等の絶えざる推進が不可欠であると論じた（『経済発展の理論』1912年）。またケインズは資本の限界効率（利潤率にほぼ該当する）が低下する傾向にあるために，有効需要政策が必要であるとした（『雇用・利子および貨幣の一般理論』1936年）。

このように，利潤率の傾向的低下は，多くの経済学者の関心事であったのである。

2　資本構成高度化による利潤率低下論とそれに対する批判

　もう一度利潤率とその規定要因を確認すると，利潤率を規定するのは，①資本の有機的構成，②剰余価値率，③資本の年回転数である。そして利潤率は剰余価値率の上昇や資本の回転数の上昇に比例して上昇し，資本の有機的構成が上昇するにつれて低下する。

　なお，利潤率が傾向的に低下するというのはあくまでも社会的総資本についてのことであって，個別資本のことではない。利潤率の傾向的低下の法則は，個別資本の意志や行為とは独立した客観的な経済法則として位置づけられるものである。

　マルクスが『資本論』で重視したのは，そのうち有機的構成の高度化である。すなわち個別資本の超過利潤・高い利潤率を求める行動が有機的構成を高度化させるが，社会的には結果として利潤率を低下させてしまうことになる。資本は利潤率を増大するためにさまざまな工夫や努力を行う。その諸方法についてはすでに**第2節3「年利潤率と規定要因」**で指摘した。そのために利潤率の低下は一直線には進まないが，それにもかかわらずなお貫く資本の有機的構成の高度化が，傾向としての利潤率の低下をもたらすのだというのがマルクスの見解である。

　こうした資本構成高度化による利潤率の低下傾向の見解に対しては，多くの批判がある。それらを整理すると，①資本の有機的構成が高度化するとしても，剰余価値率の上昇によって必ず利潤率が低下するとはいえない，②生産力の発展につれて不変資本の諸要素が低廉化するから，資本の有機的構成が高度化するとは必ずしもいえない，③個別資本は利潤率を低下させるような新技術を採用することはないのだから，社会的総資本についても，新技術の採用が利潤率を低下させることはありえない，等である。

3　資本構成高度化による利潤率の傾向的低下についてのより進んだ説明

　こうした批判に対して，なお資本構成高度化による利潤率の傾向的低下が貫くことをより説得的に理論化したものとして，次のような説明がある。

　まず，移転する過去労働に対する生きた労働の比率を考える。cは過去に対象化された労働の量であり，それは旧価値である。それに対して新たに生産物

に付け加えられた労働の量（それをNという記号で表すことにする）は新価値すなわちv＋mを生みだす。旧労働と旧価値，新労働と新価値については，**第2章第2節2「商品の価値」**(36頁) で説明した。

資本の旧価値にたいする新価値の割合をn′という記号で表すと，

$$n' = \frac{N}{c} = \frac{v+m}{c}$$

である。

資本の回転を捨象すると，利潤率は

$$p' = \frac{m}{c+v}$$

であった。

そうすると次の不等式が成り立つ。

$$p' = \frac{m}{c+v} < \frac{v+m}{c} = \frac{N}{c} = n'$$

利潤率p′は必ずn′を下回ることはこの不等式から明らかである。

ところで生産力の発展はより進んだ労働手段を製作・活用し，また新たな労働対象をつくりだし，より少ない生きた労働の投入によってより多くの生産物を獲得すること，すなわち同じ生産物をつくるのに投入される生きた労働が節約されることである。いいかえれば，生産力の発展は生産物における過去労働に対する生きた労働の割合が低下することである。すなわち $\frac{N}{c}$ は人間労働がいかに生産手段を活用して生産力を上昇させているかという指標であって，長期的にはこの比率は低下してゆかざるをえない。それは資本主義に限らない，生産力の発展が必然的にもたらす一般的・傾向的な法則である。

資本主義のもとでは旧労働・旧価値はc，新労働・新価値はv＋mである。そして資本主義における生産力の発展は資本の構成の高度化として現れる。すなわち，資本の有機的構成の高度化にともなって充用される生きた労働の量（＝v＋m）は，それによって運動させられる対象化された労働の量（＝c）に比べて傾向として減少するためにn′は必ず低下する。

そして利潤率p′は必ずn′を下回るから，利潤率の上限が傾向的に低下する。この不等式は，生産力の発展によって利潤率の上限そのものが低下していくこ

とを示している。

なお，剰余価値率の上昇は利潤率の傾向的低下に反対に作用する要因ではあるが，それはあくまでも生産力の発展につれてますます増加してゆく旧労働に比べて相対的に比重が低下してゆく新労働内部における分配比率の問題にすぎない。

なお，資本の回転は利潤率を規定する要因であるが，資本の有機的構成が高度化すると，資本の回転が低下する傾向にあり，それが利潤率を低下させることはすでに見たところである。もちろん利潤率の低下は利潤の絶対量の増大を排除しない。その反対に，一般的には，利潤率の低下は利潤量の増大とあいともなって進行するのである。

以上が，資本の有機的構成の高度化が剰余価値率の上昇その他の反対要因にもかかわらず利潤率の上限を画し，しかもその上限が傾向的に低下してゆくこと，それがひいては利潤率が低下せざるをえないことの有力な説明である。

4 利潤率の傾向的低下論の意義と限度

以上の説明を図示すると，第20図のようになる。

第20図　利潤率の上限と利潤率の動向

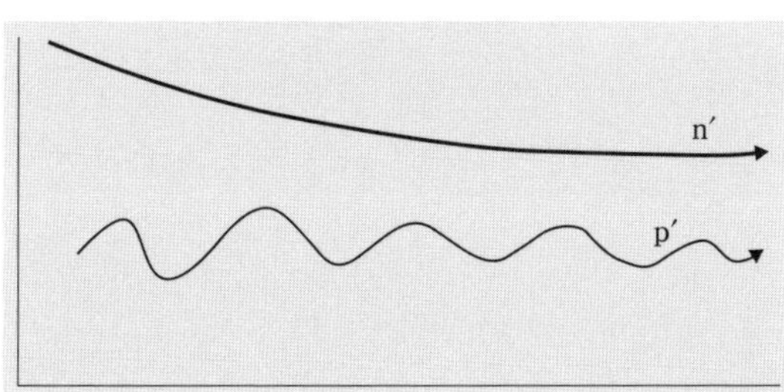

この説明は，利潤率には上限があること，そしてその上限は生産力の発展とともに低下せざるをえないことを理論的に明らかにしたところになによりも重要な意義がある。

とはいえ，製造業を中心とする産業資本だけなら，資本構成の高度化は直感的にも理解できるであろう。しかしここで問題としているのは社会的総資本である。戦後とりわけ「資本主義の黄金時代」の終焉後，先進資本主義諸国にお

けるサービス業や流通業等のウェイトが増大し，製造業あるいはもう少し広くいえば第二次産業（＝鉱業，製造業，建設業）の比率は大きく低下している。製造業の比率が比較的高い日本においても，就業者構成に占める製造業の割合は1970年の26％から低下を続け，2010年には16％にまで下がっている。第二次産業の比率も同じ期間に34％から25％に低下している。逆に第三次産業はこの間に47％から71％に急増している（総務省『国勢調査』による）。経済の第三次産業化とかサービス化といわれる事態が進行しているのである。第三次産業は近年資本構成が高度化しているとはいえ，全体としては製造業に比べるとはるかに労働集約的である。資本の有機的構成の高い第二次産業の割合の低下傾向と，資本構成の低い第三次産業の割合の増加傾向によって，全体としての社会的総資本における利潤率の上限 n' は，ほとんど横ばいに近いほど漸進的な低下が続いていると考えられる。その傾向は今後も変わらないであろう。

　もう一つは，仮に上限が漸進的にであれ低下しているとしても，それが直ちに実際の利潤率もそれに対応して低下しているとはいいきれないことである。日本の1955年以降の法人企業全体の売上高経常利益率（それは利潤率ではないが，$\frac{m}{c+v+m}$ の近似値としては利用できる）の推移をみると，もちろん景気循環による波はあるが1％台から3％台の間の波動であり，傾向的に上がっているとも下がっているともいえない。1955年から半世紀以上にわたって売上高経常利益率は傾向としては横ばいなのである（財務省『法人企業統計調査』による）。

　ただし，そのことは利潤率の傾向的低下法則の意義はもはやなくなったということを直ちには意味しない。個別資本はより高い利潤率の実現を目指して必死に競争しているにもかかわらず，その総体である社会的総資本には利潤率の上限が存在し，それを超えることはできないことを理論的に明らかにしたこと，そして実際にも利潤率は上昇していないことは客観的な事実である。また，利潤率に上限があることは景気循環と恐慌の問題を検討するうえでも重要な意義をもっている。それについては**第14章**で再度検討することにしよう。

第11章 商品流通と商業資本

第1節 流通産業・流通資本の自立化

1 商業資本と産業資本との歴史的関係

　流通産業の中心は，具体的には運輸（＝輸送）業と商業である。まず商業資本から考察する。商業資本と産業資本との関係は，資本主義の歴史とともに変化してきたことをふまえて考察しなければならない。

　第1に，歴史的には商業資本の成立が先行したことである。商品の生産はまだ資本主義的には行われていなくとも，商品経済・市場経済は古くからあり，その発達は同時に商品流通の発達でもある。商品の流通は国境を越え，商業活動の大規模な展開はやがて商業資本を成立させた。重商主義の時代は貿易を中心とする商業資本の発展の時代でもあった。経済学もそれを反映して，流通過程から富が生まれるという重商主義的な経済学が主流であった。

　第2段階は，産業革命によって産業資本が本格的に確立した産業資本主義の時代である。経済学では，国民の富は流通過程で生まれるのではなく生産過程で生まれること，すなわち年々の労働による生産物が富であり，その蓄積が経済の成長であるということを理論的に明らかにしたアダム・スミス『国富論』（1776年）が登場し，それが経済学の主流としての地位を占めた。商業資本は産業資本を補完するものという位置づけに変わったのである。

　そして第3段階は20世紀以降今日にいたるまでの時代である。商業が近代的な産業として改組され，大量生産と一体化した大量消費を媒介する産業としてデパートやスーパー，専門商店（街）などとして発展するとともに，さらに進んで情報ネットワーク化による製販一体化にまで進化しているのが現代である。

2 商業資本の存在理由

　さきの段階区分のうち，第2段階以降すなわち産業資本主義確立以降を念頭

においたうえで，商業資本の存在理由を理論的に考えてみよう。**第8章第2節3「流通諸産業の自立化」**(122頁)ですでに検討したことであるが，産業資本が生産した商品の販売などの流通業務を自らが行うよりも，それを専門とする商業資本に委託するほうが流通時間や流通費用の節約につながるからである。また，生産されたものが実際に売れるかどうかは絶えずリスクが付きまとう。そのリスクを引き受けるのが商業資本である。商業資本は商品資本の貨幣資本への転化すなわち $W''—G''$ を使命として自立化された資本であり，商品の貨幣への転換を産業資本に代わって代行することが業務である。

3 運輸（＝輸送）業の発達と存在理由

運輸（＝輸送）業の歴史も商品・市場経済とともに古いが，それが本格的な資本主義形態として発展するのは，一般的には産業資本の登場・発達と並行したといえる。とりわけ鉄道網の建設には莫大な費用がかかるために，広く資本を集める株式会社方式が採用された場合が多く，近代株式会社制度が形成される産業的リード役を果たした。また輸送のための道路建設などは，産業的インフラストラクチャーとして主として公共事業として行われ，整備が進められてきた。

その歴史的展開については立ち入らないが，運輸業が資本によって担われることを理論的に位置づけると，それは商業資本とほとんど同様である。すなわち，産業資本の生産物である商品や原材料等の輸送をまとめて引き受けることによる流通費用の節約と流通時間の節約である。

もちろん運輸業は産業資本が必要とする商品や原材料等の輸送に限らない。人を運べばそれは旅客サービス業である。旅客サービス業はサービス業の一部として，**第12章**で理論的に検討する。

第2節　流通費用と商品の価値・価格

1 流通費用と商品の価値

これまでは流通過程では価値は変わらないと想定し，そして価値どおりの価格で商品は販売されるとして考察してきた。そうした想定は，資本主義的商品

生産の本質を理解するうえで，価値さらには剰余価値がいかにして生まれるのかを明らかにするうえで必要な想定であった。というのは，価値あるいは利潤は商品を安く買って高く売りつけることから生まれる，すなわち流通過程から生まれるという重商主義的な認識を明確に批判できるからである。しかもそうした表面的な理解は決して過去のものではなく，剰余価値が利潤として現象するために，現在でも根強くある。それゆえ価値は生産過程において生まれるということの理論的確認は，今日なお重要な意義をもっている。

そのことを確認したうえで，さらに検討しなければならないことは，流通過程において現実には費用がかかっていること，そのことをどう理論的に位置づけ，整合的に理解するかという問題である。それは**第８章**で検討し残した課題でもある。

一つの考え方は，流通費用を，流通過程にあるが生産過程の延長として理解できるものと，商品という価値物の実現のために必要な純粋な流通費用とに分け，前者は価値を付け加えるが後者は価値を付加しない，その費用は生産過程において形成された価値から差し引く，というものである。前者は保管や輸送等であり，それが特定の資本に担われるとその資本は基本的には産業資本と同様に資本を投下し，利潤を獲得するとともに，商品に価値を付加する。後者は卸売り，小売り，貿易等の商業活動である。価値はあくまでも生産過程において形成されるのであり，流通過程はその価値の実現過程であって，そこでは価値は形成されないしまた付加しない，ましてや剰余価値も形成されない。そうすると商業資本は産業資本から商品の価値よりも安く買って，価値どおりの価格で売るということになる。その差額が流通費用と商業利潤である。価値は生産過程において形成され，流通過程においては価値は付加されない，つまり価値どおりの価格で販売されるという理論を一貫させるとそうした理解になる。

それを記号および数値例を使って説明すると，商品の価値（$W=c+v+m$）は販売価格に一致するという前提に立って，商業資本が参加し，その仕入費用を S，流通費用を Z（＝流通不変資本＋流通可変資本）とすると，産業資本と商業資本との間で資本の自由移動があれば，両者の利潤率は均等化する。そうすると，商業利潤を含めた一般的利潤率は，次のようになる。

$$p' = \frac{m-Z}{c+v+S+Z}$$

なぜ上のような式になるのか，数値例で説明するとわかりやすいだろう。

産業資本の商品の価値は $800c+200v+200m=1200$ であるとする。利潤率は20％である。

商業資本が参加し，Sが100，Zが50であるとすると，

$$p' = \frac{200-50}{800+200+100+50} = \frac{150}{1150}$$

で，13％である（四捨五入，以下同じ）。

産業資本の利潤 p_1 は $(800c+200v=)1000\times0.13=130$ となる。

他方，商業資本の利潤 p_2 は $(100S+50Z=)150\times0.13=20$ である。

商業資本は，産業資本から $800c+200v+130p_1=1130$ の価格で商品を購入し，$1130+50Z+20p_2=1200$ の価格で販売する。Sは利潤率にははいり込んで計算されるが，販売価格にははいり込まない。Sは商品の購入のために使われるが，販売によって回収されるためである。

以上が，『資本論』の解説書の多くで，数値例や記号は別として，通常説明されていることである。

しかし，上のような定式化は『資本論』を正確に理解したものであるかについて，多くの論争があるところである。しかもそうした理解は今日ではもはや不自然であろう。流通過程をへて価値は実現されるのであるから，そのための流通費用は価値実現のための費用であり，その費用は価値を付加すると理解すべきであろう。そうした理解に立てば，流通費用を二つに分けるのではなく，商業も運輸業等と同様に価値形成に参加することになる。産業資本は商業資本に対して商品の価値どおりの価格で引き渡す。その時点で産業資本にとっての商品の価値は実現されるのである。そして商業資本はリスクをとって販売業務を行うのであるが，そのためには一定の不変資本や可変資本が必要であり，その費用と商業利潤をさらに商品の価値に上乗せし，販売する。そのように理解するほうがはるかに合理的であるとともに，それは価値法則を決して侵害していない。そのことについてもう少し立ち入って検討しよう。

2 商業資本と利潤

　商業資本がその活動を展開するにあたって必要な費用は，一つは産業資本から商品を購入する際にかかる費用である。それを仕入費用としてさきに示したようにSという記号で表すことにする。その費用は卸売業の場合はその商品を小売業に販売することによって，また小売業はその商品を消費者に売ることによって，すなわち一定の期間をへて回収される。もう一つは商業資本として必要な不変資本cと可変資本vへの投資である。たとえばデパートを想定すると，建物やショーケースなどの不変資本，そしてそこで働く労働者の賃金に相当するのが可変資本である。そしてその可変資本が商業利潤の源泉である。商業資本の利潤率は次のように計算される。

　　利潤率 $p' = \dfrac{m}{c+v+S}$

また年利潤率は，次のようになる。

　　年利潤率 $p' = \dfrac{m}{c+v+S} \times n$

　自由競争と資本の自由移動を前提とすると，商業資本の利潤率も平均利潤率の形成に参加するから，その利潤率は産業資本の利潤率と一致する。ただし，商業資本はその回転数が産業資本に比べて非常に多いことが特徴である。仕入れた商品はできるだけ早く販売しなければならない。そして仕入費用はそのたびに回収され，次の仕入れの原資となる。それゆえ1回当たりの利潤率は低くとも，回転数は多いから，その利潤率が産業資本の年利潤率と一致すると理論的には考えられる。利潤率の均等化は1回ごとの利潤率ではなく，年利潤率で計算されなければならない。また利潤率の分母にSがはいっているのが商業資本の特徴であるが，このSは原則として販売とともに回収されるから，順調に経済が進行している場合には限りなく圧縮できる。

　そして商品の販売価格は，Sは算入されないから，産業資本によって生産された生産価格に1商品当たりに換算された 商業資本の不変資本＋可変資本＋商業利潤 が付加された価格となる。

　以上のことを，1項での数値例を使って説明すると，産業資本の商品の価値は 800c＋200v＋200m＝1200 であり，利潤率は20％であった。

産業資本は商業資本に1200で売り，200 p_1 の利潤を得る。

商業資本は商品の販売に仕入費用 S を100，流通費用 Z を50使う。

産業資本と商業資本の間で利潤率は均等化するから，商業資本も20％の利潤率を得るが，商業利潤 p_2 は（100S＋50Z）＝150×0.2＝30 となる。

商業資本は1200で仕入れた商品に 50Z＋30p_2 を付加するから，販売価格は1280となる。

3　流通過程と価値法則

　以上のように，商業資本の利潤や販売価格を理解しても，それは決して価値法則に反してはいない。すなわち産業資本が商品を生産し，その商品の価値は旧価値と新価値との合計である。もちろん産業資本間の競争と資本の移動によって商品の価値は生産価格として現象するのであるが，総体としての生産価格は価値に規定されることはすでに説明した。そのことをふまえて商品が流通過程にはいり，最終的に消費者に届けられるまでに必要な諸費用は，商品に価値を付加する。このように理解してもそれは価値法則を侵害していない。というのは，商品が流通過程にあってその商品の販売によって価値は実現されるのであるが，その過程で旧労働＝旧価値と新労働＝新価値とが付加されるのであるから，それは商品の販売価値＝価格にはいり込む。生産価格よりも販売価格が高くなるのは流通過程において価値が付加されたためであって，決して価値法則に反しているわけではない。むしろ生産過程において価値が形成されるが，産業資本はその価値以下しか受け取れず，商業資本は価値形成には参加しないにもかかわらず価値の配分を受け，そして販売価格において価値と価格が一致するという想定こそが不自然である。ただし，そのように理解することができるのは，産業資本確立以降の商業資本の役割を考慮したからであって，重商主義段階やそれ以前には当てはまらない。

　なお，産業資本は商品を価値どおりの価格で商業資本に販売し，商業資本は生産価格で仕入れた商品に価値を付加して販売するとするのは，決して生産と販売が価値どおりに順調に実現することを保証するものではない。またすでにふれたように，産業資本は産業資本として特別剰余価値（＝超過利潤）を目指して競争するのであり，また商業資本は商業資本として超過商業利潤を目指し

て競争するのである。それについてはさらに節をあらためて検討しよう。

第3節　商業資本の自立と再生産過程との関連

1　商業資本と産業資本との相互依存関係

　商業資本の自立化によって，産業資本は商品生産に専念できる。そして商業資本が世界市場にまで広がる販売活動を展開してくれるから，それを当てにして産業資本は生産をさらに拡大しようとする。また，商業資本はその取り扱う商品の種類や量を拡大し，より多くの利潤の量と率を追求する。そうした産業資本と商業資本との相互依存関係は，生産と販売との一体化を推し進める。とくに情報ネットワーク化の進展は，需要に応じた供給を可能とし，あたかも過剰生産といった事態は生じないといった幻想さえ生みだすのである。

2　過剰生産と恐慌の可能性の拡大

　産業資本と商業資本との分離は，生産過程と流通過程との資本的分離でもあるが，それは需要に見合った供給の可能性を拡大させる一方では，産業資本は可能な限りその生産能力と供給を拡大し，より多くの商品生産と利潤の拡大を推進する内的衝動をもっている。他方，商業資本も，大量に販売することによって商業利潤を最大化しようとする内的衝動をもっている。しかもいくら両資本の連携と一体化が進むとはいえ，産業資本は商業資本の販売能力に期待して過剰生産をする傾向を消滅させることはできない。また，商業資本も実際の需要以上に販売を実現しようとして過剰に在庫を抱え込む傾向を消滅させることはできない。それらはまさに資本の本性だからである。しかも在庫は需要と供給の不均衡を調節し緩衝するバッファーとしての役割を果たすために，かえって不均衡の存在を見えにくくさせるのである。

　そのために実際の需要以上に過剰に生産され，それが外見上の経済の繁栄のようにみえるが，しかし実際には商業資本のところで商品が滞留し，ついには過剰生産の表面化と実際の需要水準への供給量の暴力的引き下げ，すなわち恐慌という事態による「解決」を強制させるにいたる。商業資本が過剰に保有し，滞留した在庫は，仕入費用Sの回収を困難にさせ，ついには商品の投売り，

さらには破産として現象する。それは産業資本にとっても過剰生産を一気に表面化させるということである。産業資本と商業資本との分離と自立化は，再生産過程を攪乱させ，恐慌という事態をいっそう深刻化させる可能性を拡大させるのである。

第12章　サービス産業とサービス資本

第1節　現代のサービス産業

1　サービス業とは何か

　経済学の視点からサービスとは何か，サービス業とは何かを明確にすることは，実際にはきわめて困難である。その範囲をもっとも広くとれば，それは第三次産業であるということになるが，第三次産業とは自然物あるいは栽培，育成など人間の手が加えられた自然物を労働対象として採取する産業である農業，林業，漁業を第一次産業，物質的財貨を生産する製造業，それに建設業，自然物を採取するがそのためには多大の労働手段と労働力が必要なために第一次産業には含めない鉱業を第二次産業とし，それ以外のすべてを第三次産業とするものである。もちろんたとえば鉱業は第一次産業に含めるべきであるとか，電気・ガス・水道業は第二次産業に含めるべきであるとかいう議論もある。

　ともあれ第三次産業は，物質的なものを生産しないということに共通性があるだけで，あまりにも広すぎる。日本標準産業分類では，第三次産業を，電気・ガス・水道業，運輸・通信業，卸小売・飲食店業，金融・保険業，サービス業，公務の7項目に分けていたが，それでも2000年の就業者構成のうち，サービス業が27％を占めて13に分類（分類不能の産業を入れると14分類）されている産業のなかで断然トップを占めるにいたった（なお第三次産業全体では65％）。そのこともあって2002年に産業分類が大改訂され，サービス業のなかから新設された情報通信業や医療・福祉，教育・学習支援業に移すとともに，宿泊も飲食店・宿泊業に移すなどの措置がとられ，サービス業はかなりスリム化したが，それでも14％を占めた（『国勢調査』2005年）。**第21図**に，日本標準産業分類大項目の新旧対照表を掲載しておいたので，参照されたい。なお，製造業から新設された情報通信業に移されたのは，新聞業と出版業だけである。

　残った大項目であるサービス業は，具体的には弁護士・会計士・デザインや

第21図　日本標準産業分類大項目新旧対照表

		〈旧分類〉	〈新分類〉	
第一次産業	A B C	農業 林業 漁業	A 農業 B 林業 C 漁業	
第二次産業	D E F	鉱業 建設業 製造業	D 鉱業 E 建設業 F 製造業	
第三次産業	G H I J K L M N	電気・ガス・熱供給・水道業 運輸・通信業 卸売・小売業，飲食店 金融・保険業 不動産業 サービス業 公務（他に分類されないもの） 分類不能の産業	G 電気・ガス・熱供給・水道業 H 情報通信業 I 運輸業 J 卸売・小売業 K 金融・保険業 L 不動産業 M 飲食店，宿泊業 N 医療，福祉 O 教育，学習支援業 P 複合サービス事業 Q サービス業 　（他に分類されないもの） R 公務（他に分類されないもの） S 分類不能の産業	

出所：総務省「日本標準産業分類」(2002年3月改訂)。
注：産業分類は2007年にさらに改訂されて（2008年4月施行），農業と林業の一本化，学術研究，専門・技術サービス業および生活関連サービス業，娯楽業の2大項目の新設により，現在では20大項目となっている。

　設計などの専門サービス，学術研究機関，洗濯・理容・美容・浴場業，旅行や冠婚葬祭などの生活関連サービス業，映画館やスポーツ施設，パチンコやゲームセンターなどの娯楽関連サービス業，廃棄物処理業，自動車整備業，物品賃貸業，広告業，民営職業紹介業や警備業などの事業サービス業，政治経済文化団体，宗教などである。
　サービス産業の新分類は，これまでの大項目のなかから，分離しやすいものを外に出したという印象をまぬがれない。しかも図に注記したように，その後さらに二つのサービス部門を分離独立させた。そのためにサービス業（他に分類されないもの）の割合は5.7％にまで縮小している（『国勢調査』2010年）。
　このように産業分類大項目としてのサービス業の範囲は次々と狭められてき

たのであるが，産業分類の問題を離れて，それではサービスやサービス産業をどのようにとらえるべきであろうか。これはあくまでも私見であるが，非物質的形態すなわち無形のサービス財を商品として生産・販売し，それを業務とする産業をサービス産業ということにする。そしてサービス労働が生産する商品は，サービスを享受する期待あるいは権利という非物質的形態をとった商品であると考えられる。権利が商品であるというのは違和感があるかもしれないが，たとえば特許権や著作権，商標権，実用新案権等の知的所有権（知的財産権）の範囲が情報化の進展もあってコンピュータ・プログラムやデータベースなどまで広がるとともに，違法コピーが社会問題となったり，知的財産権を資本や国家が競争力強化の戦略としてきわめて重視していることなどは周知のことであろう。知的財産権は，その創作者の権利を保護するとともに，その権利を売買することを可能とする法体系であるが，知的財産権は実際に売買されるかどうかはともかくとして，商品となることは明らかである。知的財産権という特別な商品ではなくとも，権利そのものが商品となること，サービスはその一種であるととらえることは決して不自然ではないであろう。

　サービスをそうした商品であるとした場合，サービス商品購入者の期待や権利は当然行使されるが，たとえばある観客がなんらかの期待をしてチケットを買い，映画を観る場合を考えよう。その場合，その観客がどの程度満足するかは直接問題とはならない。それは物質的財貨である商品の場合も同様であって，代金を払って商品を購入しても，その商品の使用価値は実際に使ってみなければ確かめられないし，場合によっては期待はずれということもあろう。ただそれが明らかに欠陥商品であれば，物質的財貨である商品であれサービス商品であれ，「金を返せ」となるのは同じである。それはサービス商品の使用価値の側面であるが，価値の側面からいえば，一般の商品と同様，サービス商品も販売が実現できるかどうかは「命がけの飛躍」であることには変わりはない。映画館で映画を上映しても空席だらけということもあれば，逆に超満員ということもある。それはサービス商品が価値以下でしか売れなかったか逆に価値以上に売れたかということでもある。

　以上のように考えれば，今日ではサービスも商品であり，その商品は物質的形態をとった一般商品とは本質的な相違はないと考えられる。さしあたりサー

ビスとサービス業についてはその程度のことを確認するにとどめるが、そうすると第三次産業全体がサービス産業であるということにはならない。現行の日本標準産業分類の大項目でいえば、たとえば金融・保険業は金融商品・保険商品の取り扱いを業務とするもので、その際にサービスも提供されるが、あくまでも付随的なものである。卸売・小売業も商品の購入・販売が主業務であって、サービスは付随的である。もちろん、たとえばどうせ買い物をするなら品揃えが豊富で、雰囲気のよい、店員も親切で感じのよい店で買い物をしようとするのは当然である。それゆえ単に販売にかかる費用だけではなく、そうしたサービス費用もたとえばデパートの費用構成のなかにはいってくる。また、それだけ商品の販売価格にそうした費用も含まれることになる。ただしその費用が商品の販売を通じて回収できるかどうかは別である。飲食店も、販売されるのは調理された食品であるから、そこにおけるサービスはあくまでも付随的である。ともあれ本来の業務は別であり、付随的なサービスが付加されている産業はサービス業から除外すべきであろう。サービスの提供それ自体を主たる業務とするものをサービス業として取り扱うことにしたい。そうすると、広義のサービス業を第三次産業、狭義のサービス業を新産業分類におけるサービス業とするわけにはいかない。大項目であるサービス業以外にもサービス業とみなして差し支えない業種は数多くある。とくに医療・福祉や教育・学習支援業はもちろんサービス業にはいる。情報通信業に移された情報サービス業もやはりサービス業である。2007年に新設された学術研究、専門・技術サービス業や生活関連サービス業、娯楽業ももちろんサービス業である。むしろ旧分類サービス業のほうがサービス業を全体として考察するには適切であると考えられる。なお、旧分類サービス業に戻して推計すると、2010年の就業者に占める比率は31％で、2000年の27％からさらに増えている。ただそれでも、厳密にどこまでをサービス業とするかの境界線をはっきりと引くことは困難である。

2　経済のサービス化とサービス資本

　サービスが一つの産業として形成されたのは機械制大工業が本格化して以降のことである。それまでは、サービス労働の多くは、公務員や教員を別とすれば、執事、家政婦、家内調理人等を含む召使いであった。マルクスは『資本

論』で，イギリス（イングランドとウェールズ）の1861年の人口調査から，就業者総数約800万人のうち召使い階級は120万人で，繊維産業の就業者64万人の2倍近くにのぼると推計している。もちろんそれ以外のサービス業も存在したが，それらは雑多な個人営業であった。

　一般的にいえば，資本主義経済の発達は社会的分業および企業内分業を進化させ，そこにおけるサービス的な分野の自立化を推し進めてきた。生産においては，直接的生産以外のさまざまな間接的業務が増大するとともに，それらが自立化して対企業（事業所）サービスとして特定の自営業者や資本に担われるようになる。また流通においても，大量生産と大量消費のパイプとして複雑な流通経路とそれにともなう業務が増大し，それらの業務のなかからサービス業として自立化するようになる。さらに消費にかかわっても，大衆消費社会化への経済的基礎として，物質的商品以外のいわゆるサービスへの消費が各種のレジャー産業や観光産業を登場・発達させてきた。こうした対個人サービスの多くも，今日では資本主義的形態をとって展開されている。

　さらに資本主義の発達は，物質的財貨としての労働の生産物だけではなく，およそ商品とはなりえなかったものまでをも商品化し，そしてそれを資本が包摂して資本主義的商品生産として剰余価値を獲得してゆくのであるが，サービス商品も同様である。たとえば大金持ちや大資産家が召使いや調理人を雇えば，それは資本主義的関係とはいえないが，人材派遣会社がこれらの人を雇用し，需要に応じてこれらの労働者を派遣して料金を徴収し，労働者に賃金を払うようになれば，それはまさに資本主義的企業である。

　こうして各種のサービス業が登場するとともに，それらの多くがサービス資本として自立化し，資本主義的関係が形成されるとともに利潤の獲得を目指して相互に競争するという関係が形成されるのである。

3　資本主義的サービス業と非資本主義的サービス業

　各種の資本主義的サービス業が本格的に確立するのは20世紀にはいってからである。『資本論』にはサービス業についてまとまった記述がないのも，そうした時代的制約のためである。資本主義的サービス業とは，一定の不変資本とともに，労働者を可変資本として雇用し，サービス商品を生産・販売すること，

そして剰余価値（＝利潤）を獲得することを目的とした産業である。

しかしサービス業の特徴は，他方では資本主義的形態をとらない分野や領域が大量に存在していることである。非資本主義的サービス業は，一つは主として公的部門が提供する医療や教育その他生活サービスにかかわるものである。生活協同組合などNPO（非営利協同組織）の多くは営利を目的としていないサービス業である。こうしたサービス業は社会サービス業ということができる。

もう一つの非資本主義的サービス業は，個人営業などの自営業的サービス業である。理容・美容・浴場等の生活関連サービス業は近年チェーン店など資本が進出する傾向にあるが，それでもまだ自営業として，あるいは若干の従業員を雇って雇用主もともに働く零細企業・事業所が大部分を占めている。また弁護士事務所や会計士事務所等の専門職種においても，非資本主義的形態をとっているところが大部分である。

以上はサービス業を担う主体という視点からみた区分と特徴である。

第2節　サービスの商品化とサービスの対象

1　サービスの商品化

サービスの商品化ということについて，もう少し立ち入って検討しておこう。たとえば散髪をする場合，家族の誰かがそれを行えばもちろんそれは賃金労働ではないから，料金の支払いもない。しかし理髪店に行って散髪をしてもらうと，一定の料金を支払うことになる。その場合，理髪労働は労働対象は顧客の髪であり，労働手段であるはさみ等を使って散髪する。そしてその労働の成果は調髪として現れる。そうした労働の対価として料金が支払われるのである。散髪という行為自体が商品である。それがサービスの商品化である。

さきにサービスの担い手という視点から区分をしたが，今度はサービス労働の対象という視点から区分しよう。

2　対人サービス業

この理髪店の例は，直接労働対象である人に働きかけ，その成果が調髪という形をとって現れる。この場合，サービスは商品であるがその生産と消費とは

一体化している。多くの対人サービス業はこうした形態である。また鉄道などの旅客サービス業も，目的地まで人を運ぶという対人サービス業の一つである。

　しかしたとえばパチンコ店は，顧客自身がパチンコ台の前に座り，自分で楽しむのであるから，パチンコ店の従業員は直接的には顧客に働きかけることはない。顧客自らが楽しむ場を提供するのが娯楽業のほとんどである。カラオケ店やゴルフ場などもその部類にはいる。また通信サービス業も，原則としては利用者が相互に利用するものであり，事業者はそのための通信網等の設備と利用環境を提供することであるから，この範疇にはいる。宿泊業も，付随的なサービス提供はあるが，本来的に提供されるのは宿泊場所である。

　もちろんその中間形態もある。顧客が自由に設備や機器を操作するのではなく，顧客の要求や状況に応じて従業員が機器を操作してサービスを提供するような場合である。

　対人サービス業は生活関連サービスと余暇関連サービス等に分けることもできるが，このように対人サービス業といってもその内容はじつに多様である。

3　対事業所サービス業

　対事業所サービス業もじつに多様である。会計士や弁護士などの専門的業務は，その顧客が個人であれば対人サービス業であるが，企業等の事業所であれば対事業所サービスである。労働者派遣法（1986年施行）による人材派遣業は，その当初はプログラミングや翻訳・通訳等の専門的業務やビル清掃，案内などの限定された業務から始まり，その後，規制緩和が進んで製造現場にまで人を派遣し，単純作業に従事させるようになった。またバイク便のように，個人事業主という形態をとった郵便事業まである。

　それではなぜ産業資本や流通資本等は対事業所サービスを利用するのであろうか。それはなによりも自らが行うよりもそれらを利用することにより費用や時間が節約できるからである。それはちょうど産業資本が商品の輸送や販売を，それを専門とする輸送業や商業（資本）に委託することによって流通費用や流通時間を節約できることと同様である。

4 公共サービス業

　主として対人サービスではあるが，商品とはならない，あるいはなりにくいのが公共サービスである。教育，医療，福祉などは基本的には公務労働によって担われている。もちろん民間の自営業や資本によって担われている場合もあるが，それでも営利に走らないように，一定の規制が行われている。今日，とくに日本では規制緩和の一環として，また国や自治体の財政事情の悪化から，こうした公共サービスを民間に開放しようとする傾向があるが，原則的には国民の基本的なニーズに対しては無料で提供することが必要である。また公務労働ではなくNPOが担っている分野もあるが，それに対する公的助成も必要である。

第3節　サービス資本と利潤

1　サービス産業の機械化と情報化

　今日においては，レジャー産業を一つとっても，テーマパークからパチンコ店やゲームセンターまで，巨額の設備投資（固定資本投資）によって最新の遊具をそろえ，絶えず顧客の満足度を高めるための工夫・努力を行っている。それを支えているのが機械化とさらには情報化である。最先端の機械設備と情報技術によるハイテク化を競っているのがレジャー産業であるといっても過言ではない。その他のサービス産業においても機械化と情報化が進展していることは，あらためていうまでもない。それはサービスの商品化からさらに進んで資本主義化が進展していることであり，さらに分野によっては寡占化をももたらしているのである。

　他方では，なおサービス産業の多くは，たとえ資本主義的形態をとっていてもきわめて労働集約的であり，しかも単純労働が多い。そしてサービス業の労働生産性が低いことが問題とされる。

　しかし，対事業所サービスが成り立つのは，その発注先の資本にとっては外注するほうがコストの節約になるためであり，しかもその多くは労働集約的な部分を外注しているからである。それゆえ労働生産性が低いのは当然のことである。また対人サービスの多くは人が人に働きかけるのであるから，労働生産性の向上にはそもそも限界がある。

サービス業は労働集約的であるから、逆にいえば雇用の受け皿ともなっているのである。

また、非資本主義的な自営業や雇用主が少数の従業員とともに働く零細企業のサービス業は、長時間労働でようやく成り立っている場合が多い。

2 サービス資本と価値・剰余価値

サービス資本も資本である以上、不変資本と可変資本とを投下し、剰余価値を獲得することには変わりはない。その剰余価値の源泉は労働力であるが、サービス産業における労働は、一方では高度な専門的能力を必要とし、そのために労働力の価値がきわめて高い労働がある一方で、単純・不熟練労働が大量に雇用されている場でもある。とくに低賃金・不安定雇用の割合が高いサービス業が多い。サービス労働の二極分解・多極分解傾向は、ちょうど**第9図③**（82頁）で示したオープンネットワーク型生産様式における労働力の価値と労働者の構成とよく似ているが、他産業よりも労働力の価値以下で、しかも不安定な雇用形態である労働者の割合が高いために、図よりもさらに左の側に偏った構成を示しているといえる。

3 サービス資本と賃金・利潤

サービス資本も、自由競争と資本の自由移動を前提とすれば、その利潤率は社会的総資本における平均利潤率の形成に参加し、そして資本は平均利潤を獲得することになる。

とはいえ、現代は独占資本主義の時代であり、サービス産業・サービス資本の多くは零細な資本が多く、利潤率は平均よりもかなり低いのが実際である。資本金規模別売上高経常利益率の格差については、**第5章第5節1「自由競争の資本主義から独占的競争の資本主義へ」**（84頁）で紹介しておいた。

サービス業を社会的有用性あるいは使用価値の視点からみれば、とくに公共サービスの充実が必要であるにもかかわらず、介護労働がその典型であるが、長時間・過密労働でかつ低賃金であり（一般労働者の平均賃金よりも月給で10万円低い）、事業体としても利潤率が低いという問題がある。せっかく夢と希望をもって資格をとっても、現場にはいるとその過酷な現実に耐え切れず、辞

めてゆく人が跡を絶たない。その結果として，慢性的な人手不足が続くという悪循環に陥っている。使用価値視点に立てば社会的有用性がきわめて高いにもかかわらず，価値視点に立てば無料かそれに近い低価格で提供するのが公共サービスであり，そもそも市場経済・商品経済にはなじまないのである。そのためには公的サービスとして政府・自治体が責任をもって提供するか，公的助成を強化してこうした状況を早急に改善しなければならない。

第13章　信用制度と金融資本

第1節　商業信用と銀行信用

1　商業信用

　第3章第3節4「支払い手段としての機能」(50頁)でふれたように，商品経済の発達は流通手段としての貨幣を節約し，直接現金による売買ではなく，契約関係による売買によって実現されるようになる。その具体的な形態の一つが商業手形である。商業手形は一定の期間終了後に支払いを約束する証書である。しかも商業手形が振り出されると，受け取った人がその手形に裏書きし，転々と流通するようになる。商業手形が転々としたのちに最初の振出人に戻ってくるような関係が形成されると，手形自身が貨幣の役割を果たし，貨幣自体は大幅に節約される。商業手形は今日でも盛んに用いられている。

　とはいえ，最終的には振出人のところに手形が戻ると，そこでは当然現金が必要とされる。また手形の決済時期以前に手形の所有者が現金を必要とし，その手形を受け取ってくれる相手を探すのが困難であれば，現金に交換してくれる機関が必要である。その役割を果たすのが銀行である。

2　銀行信用

　銀行は自らが所有する現金貨幣を支払い準備として，自己あての約束手形である銀行券を発行する。一覧払いすなわちその所有者に対しては即時に現金に換えてくれる期限のない約束手形が銀行券である。顧客は銀行に預金を設定し，口座を開くと小切手による支払い・決済が可能となる。また商業信用による手形は，その所有者が銀行に持ち込むと一定の利子を支払うが銀行券に換えてくれる（＝手形割引）。商業信用の限界は銀行券そして小切手の登場によって克服される。

　銀行はまた，貨幣の支払い，収納，差額の決済，当座預金の処理，貨幣の保

管など，資本の機能にとって必要な貨幣を取り扱うが，それは交易において必要な両替や金等の地金の取扱い，為替取引等の業務から発展したものである。

それゆえ銀行は，貨幣取扱業務における手数料，そして手形割引や小切手の発行と決済による貨幣節約等の業務による利子の受取りが本来の収益源である。

銀行はそれぞれが個別に銀行券を発行したが，流通が活発化すれば，銀行が異なれば銀行券による決済ができないという問題にぶつかる。そのために有力な一つの銀行が発行した銀行券だけが一般に使用されるようになる。それが中央銀行でありまた中央銀行券である。

以上のことを確認したうえで，銀行について節をあたらめてさらに検討しよう。

第2節　金融資本と架空資本

1　中央銀行と銀行制度の発達

中央銀行が設立されて銀行券の発行が集中・独占され，中央銀行券が流通するようになると，各銀行は中央銀行券を預金として受け入れて，貸付を行うようになる。また銀行は中央銀行に当座預金を積み，そして銀行券を貸し付けるのである。

銀行は蓄蔵貨幣（第3章第3節3「蓄蔵貨幣としての機能」を参照）として遊休している貨幣を預金として受け入れ，また貸し付けるのであるが，預金利子と貸付利子との差が利ざやであり，それが銀行の主要な収益源となる。しかも銀行の貸付は実際に銀行券を引き渡すのではなく，相手の口座の預金項目に記載するだけである。銀行のバランスシートでは，同じ金額が債権の項目である貸付と債務の項目である預金の双方に記載される。そして実際に引き出されるのはその一部であり，多くは銀行口座間の振替として行われる。それゆえ貸し出された金額の多くは預金として残り，それをまた貸出の原資とすることができるのである。すなわち銀行は，預金に対して一定の支払準備金を残して貸し出すが，貸出は預金口座への振込みであり，それは預金となる。そしてその預金がまた貸出の原資となる。各銀行は一定の準備金制度のもとでも貸出→預金→貸出が累積されることによって，準備金をはるかに超えた多くの銀行券が貸し

出され，流通するのである。

　こうして銀行は，当初受け入れた預金よりも何倍もの多くの貸付を行う。それが銀行の信用創造である。また1回ごとの預金・貸出の利ざやは小さくても，回転が速くなればなるほど年間の利子・利ざやは累積してゆく。それは一般商品の利潤率×回転数＝資本の年利潤率と同様である。

　しかも銀行制度の発達は，流通する銀行券自体も節約させ，CP（コマーシャル・ペーパー）等の手形や各種クレジット，電子マネー等で代用されるなど，信用の手段・方法が拡大・多様化してゆく。

　資本主義においては，原理的にいえばあらゆる分野が利潤獲得の場になりうるが，そうした場が広い意味での産業である。産業を**第21図**とは別の視点から大きく区分すると，機能的な産業と金融的な産業とに分けることができる。機能的な産業は，①物質的な生産物・商品の生産にかかわる産業（農林漁業，製造業，建設業，鉱業等），②商品の流通にかかわる産業（運輸業，商業，不動産業等），③そして金融サービス以外の各種サービス業に大きく区分できる。

　金融産業についてもさまざまな区分が可能であるが，さしあたり，①銀行業，②証券業，③その他の金融業（生保，損保，ノンバンク等）という区別をしておこう。

　資本主義では基本的に各種の産業を資本が担うのであるが，機能的な産業の担い手である資本を機能資本あるいは現実資本，金融業の担い手を金融資本と名づけることにする。

　まず銀行業であるが，銀行業が金融仲介機能を中心としているかぎり，それは資本主義経済のインフラ産業であり，またその利潤の源泉は主として実体経済とのかかわりをもった生産的機能から生みだされる剰余価値（＝利潤）の配分である。ただし銀行の融資先は会社（＝機能資本）に限られず，多様な階級・階層，さらには国債等の購入を中心として政府にまで及んでいる。同じく遊休貨幣の預金主体も，機能資本以外に政府，勤労者，個人等まで多様である。

2　証券と証券会社

　会社が資金を調達する手段として，銀行借入以外に証券を発行するが，証券は大きく株式と債券とに分けることができる。この二つは性格が大きく異なる。

まず株式から検討しよう。

株式は，社会的に広く集められた資金が自己資本として会社に長期に固定されたものである。発行主体である株式会社からすれば，返済する必要のない自己資本である。株式は，出資証書であるとともに，会社の利益の一部である配当を請求できる証券という二重の性格をあわせもっている。安定的に配当が行われるならば，その収入は配当というよりも出資元本に対する利子という現象形態をとるようになる。しかも株式市場が生みだされ，上場された株式はいつでも必要なときに売買できる。

他方では，株主は出資者として会社の経営に参加する権利をもっている。株主資本主義とは，株主が会社に対してつねに配当を増やし，また株価を上昇させる経営を行うように圧力をかけ，それがまかり通るようになった資本主義のことである。

債券もまた大きく会社が発行する社債（それも実際にはさまざまな種類がある）と公的機関が発行する国債等の公債とに分けることができる。債券は利子付きの借金の証文であり，しかもいつでも譲渡可能である。満期がきて債券の発行主体に買い戻してもらうのを待つ必要はなく，証券市場でいつでも売却し，現金化できる。

証券会社は，株式や各種債券の発行を引き受けたり，売買の仲介を行ったりすることが主要な活動であり，その際の手数料等が主な収益源であるが，売買が頻繁に繰り返されるほど手数料収入が増える。それは一般の資本の回転と同様である。

なお，証券の発行を引き受ける業務を主とする証券会社をアメリカでは投資銀行（インベストメント・バンク）と呼んでいるが，投資銀行は発行会社を顧客としていることから，会社の内情に精通しており，会社の合併や買収の仲介なども行い，さらにはさまざまな金融商品を組成して投資家に販売して利益を得る活動や，債権の証券化によって手数料を得る活動が急膨張し，莫大な利益を得るようになった。しかし，2007年から住宅バブルの崩壊とともにサブプライムローン（低所得者向けの住宅ローンなどの焦げ付きリスクの高い高利ローン）を組み込んだ各種の金融商品が激しく値崩れし，5大投資銀行は巨額の損失を抱え，政府支援を受けて大手銀行グループに吸収されたり，業態転換した

りしたが，リーマン・ブラザーズは破綻し（2008年9月），世界的な金融危機を深刻化させた。この問題については後述する。

3　その他の金融資本

その他の金融資本として，生命保険や損害保険がある。そのほかにもノンバンクによる消費者金融や住宅ローン，自動車ローンなどきわめて多様な種類や形態があり，金融業の性格や内容の相違によって利潤の源泉も大きく異なるために詳細は省略するが，本業以外に銀行や証券会社も含めてその傘下に不透明なさまざまな投資ファンドをおき，各種の金融商品の開発や取引を競いあい，その膨張が金融資本主義といわれる現代の特徴の一つとなっている。

4　架空資本（擬制資本）

証券等は架空資本である。架空資本というのは年々の規則的な収益を利子とみなし，そこから元本を逆算する資本還元によって生じる価格を基準とするものである。たとえば株式の市場価格の基準は $\frac{貨幣所得（＝配当）}{利子率}$ である。数値例で説明すると，ある会社の株式（額面500円とする）に対して毎年20％の配当が行われているとすると，1株当たりの配当金は100円である。一方，平均的な利子率が4％であるとすると，$\frac{100}{0.04} = 2500$ であるから，その株式の市場価格は2500円である。それが株式市場におけるその時々の需給によって決まる時価の基準になるということである。

株式は資本活動のための資金調達として発行され，その資金は使われても発行された株式はそのまま市場に残り，それは架空資本として配当期待や値上がり期待をめぐって売買される。

債券は借金の証文であり，定期的に利子を払うとともに満期になると返済しなければならないが，発行され調達した資金はすでに使われてしまっており，債券それ自体はもはや架空資本である。なお，架空資本や架空商品は擬制資本や擬制商品といわれることもある。

資本主義のもとでは証券に限らず，さまざまな架空資本が商品として売買される。たとえば売買される土地も地代を資本還元した価格が基準となるから架空資本の一種である。数値例で説明すると，年々1000万円の地代が得られる土

地は，利子率が4％であるとすれば，2.5億円の価値があるとみなされるということである。

さらに銀行券＝為替も特殊な架空商品である。とくに金本位制が崩壊して以降，各国通貨は金の制約からはなれて架空商品として発行され流通してきたが，とりわけニクソン・ショック（1971年）とその後の国際通貨体制は，国際的な決済においても金の制約から離れた使い勝手のよい不換通貨が国際通貨として使われてきた。それはなおドルが圧倒的であるが，ドルの地位はきわめて不安定であり，ドル暴落の可能性が現実性に転化する危機を抱え込んでいるのが現在である。

なお，架空資本・架空商品といっても，それはなんらかの実体的な資本・商品の裏づけをもっており，いかに実体から切り離されて架空化が進んで自己運動を展開しようとも，究極的には実体の動向に規定されているのである。たとえば発行主体の業績が好調であれば，株価や債券価格が上昇し，逆の場合は逆である。それは通貨も同様であり，不換銀行券といってもその価値はもはや直接金に規定されているわけではないが，その国のいわゆるファンダメンタルズ（＝基礎的経済諸条件）によって基本的には規定されている。

しかし，架空資本・架空商品は資本還元によって理論的には価格基準を設定できるとはいえ，その基準の規制力はきわめて弱い。そのためにとくに投機の対象になりやすい。たとえば銀行の貸出先が実業のために資金を運用するとはかぎらず，土地投機のために運用されることは大いにありうる。土地が商品となれば，架空資本・架空商品という側面とともに値上がり期待や土地ころがしのために売買される。また，株式も配当よりも値上がり期待を求めて売買される。配当期待のための株式所有は投資，値上がり期待のための所有は投機と一応は区別できるが，その境界はあいまいであり，容易に相互転化する。

そして変動相場制への移行以後，為替＝通貨さえ投機の対象となり，通貨投機と通貨危機すなわち通貨価値からかけ離れた暴騰や暴落を繰り返しているのが現代である。

なお，絵画や骨董品，その他希少性のある文化財等は，たとえ商品となってもそれは価値法則が働かないので架空商品ですらない。基準となる価格はなく純粋に需要と供給によって決まるためになおさら投機の対象となりやすい。

第3節　金融資本の自立と自己運動

1　金融資本と利潤

　資本の自由競争と資本の自由移動を前提とすれば，金融資本も利潤率均等化に参加し，そして平均利潤（率）を獲得する。

　ただし，産業資本と金融資本の集積と集中の進展により，19世紀末から20世紀初頭にかけて自由競争の資本主義から独占的競争の資本主義（＝独占資本主義）へ転化した。産業独占体の成立は，独占的支配による独占的高利潤の獲得を恒常化させるとともに，金融資本も肥大化しまた独占化することによって高利潤を獲得する体制が形成された。

2　金融資本の機能資本からの相対的自立

　産業資本と金融資本との関係は，20世紀初頭には金融資本が主導する諸国もあれば産業資本が主導する諸国もあり，また金融資本といっても業態区分が明確にされている国もあれば，あいまいな国もあるというのが実際であった。金融資本は産業資本に寄生しつつ発展するとともに，産業資本とは相対的に独自に利潤を獲得する手段・方法を開発し，駆使するようになった。

　金融資本に対する規制は当時はきわめて不十分なものであり，金融資本はますます肥大化するとともに，投機的利益を追求するようになった。金融資本は自己運動を本格化させたのである。以下，アメリカを中心として，歴史的に考察する。

3　世界恐慌と金融規制

　しかし1929年世界大恐慌の勃発とその後の事態は，産業資本と金融資本との関係や金融資本のあり方を再考させる契機となった。とくに株式価格の暴落が銀行を破綻させ，その被害が預金者にまで及んだが，そのことを回避するために，1933年にアメリカで，商業銀行と証券（および投資銀行）業務との兼営を禁止し，分離を定めた銀行法（グラス=スティーガル法）が制定され，さらに過度の預金獲得競争を制限するための預金金利の規制（レギュレーション Q），銀行の監督・規制を行う連邦準備制度理事会（FRB）の再編と権限強化，証券

市場に対する規制強化と証券取引委員会 (SEC) の設置，連邦預金保険公社 (FDIC) の設立など，金融資本に対する規制と預金者保護が強化された。

金融業に対する国家による参入規制や業態規制，その他の規制が強化されたために，機能資本と金融資本との資本の自由移動はもちろん，金融資本内部における資本の自由移動も大きく制約されたのである。

第4節　戦後金融制度の変遷と現段階

1　金融規制と金融資本

第二次大戦後はブレトンウッズ体制あるいは IMF・GATT 体制といわれるドルを基軸通貨とする固定相場制（金1オンス＝35ドル）のもとでの秩序ある貿易自由化と資本の自由化が推し進められた。ただし，資本の自由化といってもそれは国境を越えた機能資本の自由な活動ということであって，しかも段階的に規制が緩和された。固定相場制を維持しながら自由貿易を促進するために，金融資本の自立的な運動は抑制され，とりわけ投機的な資本活動はきびしく規制された。この時期における資本のグローバリゼーションの推進主体は金融資本ではなく機能資本であった。

ただし，金融資本の国際的な活動は規制されていたとはいえ，とくに1958年に西ヨーロッパの通貨の交換性が回復されて以降，グローバルな金融活動がしだいに活発化し，ブレトンウッズ体制を掘り崩していった。また，西ヨーロッパや日本の復興と高成長，さらにはアメリカによるベトナム戦争によってドル流出が加速化され，ドル危機が深刻化した。

そして1970年代初頭に，戦後アメリカを中心とした安定的成長の資本主義体制＝「資本主義の黄金時代」が終焉し，資本主義は新たな段階にはいった。固定相場制が崩壊し，変動相場制に移行するとともにグローバル化の内実が変容した。ブレトンウッズ体制の崩壊は，金との兌換を放棄したドルはもはや基軸通貨ではなく，有力ではあるが国際通貨の一つにすぎなくなったことを意味している。

また，変動相場制への移行は国際金融取引についての規制のタガをさらに緩めてゆくことになった。ブレトンウッズ体制の崩壊とオイル・ショック（第一

次＝1973年，第二次＝1979年）により歯止めをなくしたマネーの過剰とインフレが先進国を襲った。とくにアメリカはドル流出の加速とドル価値の下落，そしてスタグフレーション（＝不況とインフレの同時並存）に悩まされた。

　金融資本も資本である限り，利潤拡大のためにさまざまな金融商品を開発し，そして市場を拡大することを本質的な要求としてもっているのであるが，戦後は業態規制や金融商品の開発・販売についてさまざまな規制が行われてきた。1970年代の経済的な危機によって機能資本の利潤率が低下したが，そのことは当然金融資本にとっても危機であった。金融資本の利潤の源泉は究極的には機能資本の生みだす利潤に規定されており，機能資本の利潤率が低下すれば金融資本の利潤率も低下をまぬがれないからである。

2　金融の規制緩和・自由化と金融ビッグバン

　激動とスタグフレーション状況のなかでイギリス，アメリカを先頭に新自由主義と規制緩和の流れが主流となった。強いアメリカの再建と強いドルを掲げたレーガン政権は，反インフレ，高金利政策によるドル価値の維持，そして減税と規制緩和による国際競争力の強化，軍事力の近代化に努めた（＝レーガノミックス）が，結局，財政赤字と経常収支（＝貿易収支等）の赤字という双子の赤字を深刻化させた。また，とくに金融の自由化が1980年代に進展するなど，グローバリゼーションは新たな段階にはいった。グローバリゼーションの推進主体として，機能資本とともに金融資本が前面に躍り出たのである。

　一つは，機能資本のグローバル化と結びついた金融活動のグローバル化である。また，オイル・ショックによって中東産油国に大量のオイル・マネーが流入したが，それらは主としてヨーロッパの金融機関に預けられ，運用された（＝ユーロ・ダラー）。さらにとくに変動相場制にともなうヘッジ金融活動が活発化するとともに，ヘッジを超えた投機的金融資本の活動も肥大化していった。

　金融の自由化・グローバル化は変動相場制の弊害をも拡大させた。外国為替自体が投機性の金融商品となってしまったのである。プラザ合意（1985年9月）はレーガノミックスの破綻を示すものであるが，ドルの秩序ある下落と金利の引き下げを国際協調で実現しようとした。しかしいったんドル安への流れができてしまうと合意のレベルをはるかに超えてドル安が進行し，さらに1987年2

月時点での為替相場の安定を目指したルーブル合意も，ドイツがインフレ懸念から基準貸付利率（公定歩合）を引き上げ，それに反発したアメリカ政府高官の発言がドル安容認と受け取られて同年10月のブラック・マンデー（株価大暴落）を引き起こすなど，結局はその目的を達成することはできなかった。もはや主要国の国際協調による人為的な介入によっては為替相場の乱高下を防ぎ，その安定を実現することは不可能なまでに金融の肥大化・グローバル化・投機化が進んでしまったのである。しかも国際協調による為替市場への介入による相場安定化よりも，むしろ金融のいっそうの自由化を推進し，市場メカニズムをより完全に働かせることが為替相場の安定につながるという議論と金融資本の利害とが重ねあわされ，たとえば日本は1984年に金融の自由化・国際化を本格的に開始し，またイギリスは1986年の金融ビッグバンにまで進んだ。

　証券会社（投資銀行）は，各種証券の発行の引受け・販売だけではなく，各種証券を組み合わせた金融商品の開発・発行・販売を活発化させた。また，投資銀行がその傘下に規制の及ばないさまざまな投資ファンドを設立して（それは商業銀行や保険会社等も同様であるが）そこへの投資や融資によって利益を得ようとした。

　金融市場の世界的な統合とともに金融技術革新によって複雑な金融商品の開発とその証券化等，その手口はますます複雑・巧妙になり，またその規模も急速に拡大した。

　そして金融による利潤率のほうが現実資本の経済活動による利潤率よりも高いとなれば，資本はますます金融活動に傾斜してゆく。金融業は構造的不況産業から脱却して現代資本主義における数少ない成長産業，高収益産業の一つに転化したのである。

　以上は金融資本総体のレベルについてであるが，金融業といってもさまざまな業種がある。そこでさらに検討しなければならないことは金融業内部における利潤率の不均等の問題である。グラス=スティーガル法のように，あるいは戦後日本の金融業のように，業態区分さらには業態内部の区分（たとえば日本の銀行では政府系銀行と商業銀行，商業銀行でも都市銀行と地方銀行），その他，信用金庫，信用組合などとそれに対応する規制が厳格に維持されておれば，金融資本は与えられた業態のなかで利潤の最大化を目指して競争しなければな

らない。金融資本のグローバル化はその業態の枠組みのなかで新たな市場を求めてまず開始された。そこでの競争は規模の利益と市場支配力をめぐる競争とならざるをえない。日本の1980年代の銀行のグローバル化は，機能資本のグローバル化と一体となって海外への展開と規模の拡大を競い，1989年には世界の商業銀行の資産規模ベストテンのうち8行を日本の銀行が占めるほど急膨張したのがその一例である。

とはいえ，それだけではおさまらない。その業態の枠組みのなかでも新たな金融商品を開発し，それを規制当局に認めさせたり，これまで規制されていた金融活動の自由を認めさせることが次の課題となる。すなわち，金融各部門における規制緩和・撤廃による新たな利潤追求の場や機会の提供を求めることである。その結果，金融各部門の間の競争も激化する。

それでも業態間の利潤率の不均等が恒常的にあれば，金融資本の要求はより高い利潤率の業態への参入を認めさせるという方向に向かう。金融業を，①銀行，②証券，③その他の金融業，にさしあたり分類したが，こうした業態間の垣根・規制を撤廃すること，それがいわゆる金融ビッグバンである。

さらに金融業が儲かるとなれば，当然ながら他の業種から金融業への参入要求が強まり，そしてそれを可能にするような規制緩和が行われる。それも金融の自由化の一種である。とくに情報化の進展によって他産業・資本からの金融分野への進出が容易になり，活発化した。現代が金融・情報資本主義と特徴づけられるのも，資本の本性としての利潤の追求は，金融および情報にかかわることによってより大きな利潤が得られる機会を拡大させたということ，逆にいえばそうしたかかわりを持たなければ利潤率の低下をまぬがれられなくなったということでもある。

アメリカは1995年にそれまでの輸出競争力強化のためのドル安政策から，世界から投資マネーを吸引するためにドル価値安定化政策に転換し，すでに有名無実化していたグラス゠スティーガル法も1999年に最終的に廃止された。また他国への金融のいっそうの自由化を要求し，そのことも背景となって日本では1996年に金融ビッグバン構想が打ちだされ，山一證券や北海道拓殖銀行の破綻（1997年），日本長期信用銀行や日本債券信用銀行の破綻（1998年）などの金融危機の真最中にもかかわらず実行・推進された。これらの破綻した大手金融機関

を安値で買収したのは，一つは外国の投資ファンドや金融資本であり，もう一つはそれを好機として金融業に進出しようとしたソフトバンクやオリックスであった。

そして商業銀行と投資銀行・証券会社，さらには各種保険会社との垣根の撤廃等の金融の規制緩和や撤廃等の自由化が進展するとともに，実体経済からますます自立してそれ自体はなんの価値も生みださずに，投機的利益を追求し，その結果バブルを発生させ，またその崩壊が実体経済にも打撃を与えることを繰り返すにいたった。金融資本が機能資本と切断され，架空資本としての性格を強化すればするほど，一国の富が生産活動から乖離し，手段を選ばないカネの創造それ自体が自立化したのである。

金融資本の肥大化を示すデータとして，アメリカの製造業と金融業との法人利益を比較してみると，1980年は製造業783億ドル，金融業340億ドルであったが，1990年には製造業1146億ドル，金融業923億ドルと急接近し，1999年以降は金融業が製造業を上回り続けた。そして2006年には製造業3045億ドルに対して金融業は4480億ドルと，リーマン・ショック以前のピークに達した（『米国経済白書』付属統計）。

3　金融資本の暴走と現段階

2007〜08年に表面化したアメリカを震源地とする金融危機は，金融規制緩和・グローバル化の帰結である。すなわち金融の自由化においてもなお残っている金融規制は基本的には業態別規制であり，金融の自由化・グローバル化の急速な進展に規制のあり方の変更が追いつかず，とくに業際における抜け穴を利用した金融ビジネスが急拡大したために生じたのである。

現代資本主義が利潤の主要な源泉を金融活動によって得るようになったこと，しかもその活動がバブルとその崩壊を繰り返し，また金融資本の暴走とそれにともなう信用の急激な膨張と収縮に実体経済が振り回されるという事態は，資本主義の腐朽化・寄生化の新しい段階である。

金融資本の暴走を防ぎ，実体経済の発展に従属させるような仕組み，システムにつくりかえることこそが真の意味での金融システム安定化である。今回の世界的な金融システムの危機は，それこそ世界的な規模での金融システムを再

構築する絶好のチャンスでもある。この機会を逃すことなく，金融システムを世界経済の健全な発展を保障するインフラストラクチュアとして抜本的に改革すること，すなわち金融資本に対する公的資金による不良債権の買取りや資本注入による救済から，公的規制・管理へと前進させなければならない。そして少なくとも金融業は機能的産業よりも儲からない産業に，すなわち金融資本の利潤率が機能資本の利潤率を上回らないように規制されなければならない。それができなければ，先進資本主義諸国は寄生的な資本主義としてさらに衰退を加速させることになるだろう。

　リーマン・ショック以降，アメリカでも金融規制再強化の動きはみられるが，現実には金融業の法人利益は2008年に1222億ドル（製造業は1955億ドル）に縮小したあと，2010年には4947億ドルとリーマン・ショック以前のピークを追い越すまで急速に回復した。一方，製造業は2171億ドルにとどまっている。金融資本主導体制を改革するのは決して容易なことではないことは，この事実からも明らかであろう。

第14章　恐慌と景気循環

第1節　現代の景気循環についての基礎理論

1　景気循環の一般理論

　これまでも恐慌の可能性や景気循環について，必要に応じて述べてきたが，あらためて理論的な整理と検討をしておこう。

　資本主義的生産力の発展＝供給の増大はそれに見合った需要の拡大をともなわなければならないが，需要は大きく投資需要と消費需要とに区別される。また需要は国内需要（内需）のほかに対外需要（外需＝輸出）もある。

　経済が好景気にあるとき，生産力＝供給は増大するが，消費需要も雇用の増加や賃金の上昇等によって程度の差はあれ上昇する。他方，投資も拡大するからそれは当面は投資需要の拡大として現れる。総体としての需要は供給を上回り，少々価格は高くても売れるから利潤率はピークに達する。しかし，好景気が続くと投資が過熱するとともに投資は時間差をおいて生産力化して供給を増やし，やがて供給が需要に接近するとともに利潤率が低下し始める。とはいえ，それがすぐに投資の低下をまねくのではない。投資の利潤率がプラスであるかぎり（利子率を考慮に入れると利潤率が利子率を上回っているかぎり），投資は継続される。むしろ利潤率の低下を，いっそう生産を拡大させることによって利潤の量でカバーしようとするから（いわゆる薄利多売），投資はかえって刺激される。繁栄はピークに達するが，それは同時に好況が限界に近づいた時期でもある。

　やがて投資の利潤率がゼロに近づくと投資が控えられる。それ以上投資をして生産を増やしても利潤率の低下が止まらず，ついにはマイナスにいたることが予想されるからである。投資需要は停滞し，さらには低下し始める。総需要と総供給とのバランスが崩れ，過剰生産が顕在化する。しかも投資はゼロになっても過去の投資は時間差をおいて生産力化され供給を増やすから，総需要

と総供給とのアンバランスがさらに拡大する。そして原価を割った安売り競争や企業倒産が多発し，強制的に需要水準まで過剰生産能力は引き下げられるが，しかし需要水準そのものが急速に低下するために，需要と供給の一致点自体が大きく低下し，いくら供給が削減されても一致点にはなかなか達しない。というのは，企業倒産やリストラによって失業率が高まり，また賃金も抑制されて消費需要が低下し，また投資も不況・恐慌が明らかになると急減するからである。

なお，内需の停滞・縮小を外需＝輸出で補うことも，需給バランスの悪化を先延ばしする効果はあるが，変動相場制のもとでは通常は貿易黒字の拡大は通貨価値の上昇（日本では円高）をまねき，輸出が困難となるから限界がある。とはいえ，それは変動相場制による自動調節作用が働けば理論的にはそうなるということであって，現実は必ずしもそうはならない。最大限の利潤を求める資本の活動は，自国通貨価値の上昇に対して国内生産を縮小して海外生産を拡大するという戦略を必ずとるとはかぎらず，自国通貨価値の上昇に直面しても徹底したコストダウンで国際競争力を高めることによって，あるいは新製品開発と通貨価値が上がっても売れる輸出産業化によって，その限界を絶えず突破しようとする戦略をとることもありうるからである。実際に日本とアメリカとの関係をみれば，変動相場制への移行以後，傾向としての円高・ドル安の継続（1971年8月までの1ドル＝360円から2010年の80円台まで4倍以上の円高）にもかかわらず，日本の輸出依存的な経済構造，アメリカの輸入依存的な経済構造は，基本的には変わらなかった。とはいえ2010年以降さらに急激な円高がドルに対してもユーロに対しても進み，輸出の困難化と海外現地生産の進行，逆輸入の増加や原燃料価格の高騰などによって，日本の貿易は赤字に転落しつつある。

ともあれ需要の縮小と生産＝供給の縮小，そして利潤率の低落とがスパイラル的に進行して，底なしの恐慌という事態に陥る。

以上が好況から過剰生産，そして不況・恐慌にいたる基本的なプロセスであるが，恐慌とは，一言でいえば資本主義的蓄積過程が本質的に抱えている諸矛盾の暴力的な爆発であり，またその暴力的な解決すなわち過剰価値の暴力的な破壊の過程である。ただし，とくに第二次大戦後は国家が経済に介入して金融

政策や財政政策等によって恐慌の暴力的な爆発を予防し，また価値破壊をできるだけソフトに進行させようとする政策が程度の差はあれ採用されているために，1929年世界大恐慌のような暴力的な形では恐慌は現象しにくくなった。ただし恐慌回避政策は，一挙的な矛盾の解決ではなく，時間をかけた解決であるために，それは長期にわたる大不況となりがちである。

政府は景気循環を可能な限り平準化するために経済過程に介入するのであるが，それに成功するとはかぎらないばかりか，かえって好景気をあおったり，逆に不況を深刻化させてしまうことは大いにありうる。それについては第2節で歴史具体的に検討する。

なお，政府（＝内閣府）の景気基準は，景気の谷⇒山を拡張期，山⇒谷を後退期とし，それを景気の1循環としているが，景気循環を拡張期と後退期とに区分するのは単純にすぎる。少なくとも停滞期，好況期，繁栄期，不況・恐慌期という4局面に分けて考察すべきである。ただし，さきにも述べたように政府の経済過程への介入によって景気変動の波をできるだけ小さくしようとしてきたために，4局面の時期区分が不明確なものになり，また恐慌が不況あるいは大不況にとどめられてきた。また繁栄期から突然不況・恐慌期にはいるのではなく，繁栄期を過ぎてしだいにペースダウンをしながら不況期にはいるのがむしろ通例となってきた。それで，繁栄期と不況期の間を，必要に応じてペースダウン期と名づけることにする。

また，大不況のなかでも景気の波はある。そして循環とともに経済の構造もまた変化してゆくのである。

2　景気循環における信用の問題

景気循環にかかわる重要な要素に信用の問題がある。本来は好況が続くと企業の投資資金への需要が高まり，利子率が高騰して投資を抑制する機能として働くのであるが，信用制度が発達すると企業はさまざまな手段を活用して低金利で資金調達することが可能になる。信用制度の発達・利用は信用を膨張させ，かえって好況を水ぶくれ的に膨らませる。しかも信用を利用した投機も活発化する。信用膨張が実体経済に直接影響を与えるとインフレーションとなり，実体経済と相対的に切り離されて信用が信用を呼んで膨張し，それが株式に向か

うと株式バブルとなり，土地に向かうと土地バブルとなる。現代においては景気が過熱しすぎると，それを冷ますために政策金利を引き上げたりマネーストック（マネーサプライ）を絞ったりすることによってマイルドな程度の好景気に軟着陸させようとする金融政策がとられるのが通例であるが，金融の自由化・グローバル化が進行すると世界的な金融状況に影響されて，一国の金融政策は十分な効果をあげにくくなりがちである。

　しかも信用は実体経済が悪化すると今度はそれを加速する方向に作用する。それにバブルの崩壊が加わるととくに金融機関の経営状態は一挙に悪化する。銀行は貸し付けた金が不良債権化することを恐れ，回収に躍起となる。不良債権が増えると銀行は資金的余裕がなくなって貸し渋りが深刻化する。もちろん現代では中央銀行が介入して不況期の利子率を低くしたり銀行への貸出を増やして実体経済の悪化を食い止めようとするが，不況が深刻化すると低利子率でも資金需要が冷え込み，また銀行も不良債権化を恐れて融資に慎重になるために全体として信用が収縮し，中央銀行の金融政策でそれを反転させようとしてもなかなか効果があがらない。それに加えて，金融機関自体も経営が悪化し，弱い金融機関から破綻が始まる。こうして実体経済の恐慌・不況と金融恐慌・不況とが悪循環的に進行するのである。

3　恐慌・大不況からの脱出

　こうした事態に突入すると，そこからの脱出はきわめて難しい。経済は循環し，底に達すればやがては回復に向かうと一般的にはいえる。すなわち過剰資本が整理され，資本の集中が進むとともに人員整理等のリストラによって労働生産性の向上と利潤率の改善がはかられ，その結果，投資もまた回復してゆく。とはいえ，なんらかの景気反転の契機がなければ不況が長期にわたって継続することになる。

　それでは景気反転の契機となるのはなんであろうか。それにはいろいろな場合が考えられる。シュンペーターは創造的破壊とかイノベーションという用語を使って資本主義のダイナミズムを表現したが，技術革新にもとづく新製品や新産業の登場が起爆剤となって，波及的に需要が拡大し，そのことが不況からの脱出をもたらすことは十分にありうる。しかしイノベーションは単に技術的

な概念ではなく，利潤増加の可能性に関連した経済学的な概念である。新しい市場の開拓と結びつく新産業や新技術の登場と発展，それを担う適切な能力をもった労働力の活用や配分等による新たな利潤追求の可能性の登場が決定的に重要である。技術革新が人減らし合理化に帰結するだけであったり，イノベーションが代替産業の衰退を促進する効果のほうが大きい場合には，景気反転の契機にはなりにくいどころか，かえって不況を深刻化させることになりかねない。

そこで現代では自律的景気回復を待つのではなく，国家が経済に介入して景気を反転させる政策がとられる。金融政策についてはすでにふれたが，もう一つ中心となるのは財政政策である。

まず直接需要に働きかけてその増大をはかる政策である。その一つは投資需要を拡大させる政策である。企業への投資を促進させる各種の優遇税制の導入が一例である。間接的には法人税の減税もそうした効果がある。ただしこうした企業への税による優遇措置は，あくまでも投資へのインセンティブを高めるものであって，それがそのまま投資の拡大に直結するわけではない。企業が積極的に投資を拡大するのは，十分な利潤が見込める場合に限られるからである。

そこで切り札となるのが政府による公共投資である。公共投資が行われれば，民間投資の落ち込みをカバーし，景気を反転させる可能性が大きい。ただし公共投資は，その恩恵を直接受ける産業・業種と，直接的にはその恩恵を受けにくい産業・業種とに分かれるために，どのような内容の公共投資を行うかは政治的な利害関係に左右されやすい。また景気対策としての公共投資の乱発は，公共投資依存型の産業構造の温存や肥大化をもたらし，産業構造の転換を制約する傾向をもちやすい。

次に消費需要の拡大である。その方法にもいろいろあるが，税に関しては，所得税の減税や，累進税制を強化し，高所得者から低所得者への所得再配分を強化すれば，高所得者よりも低所得者のほうが消費性向（＝所得に対する消費の割合）は高いから，総体としての消費性向は高まり，消費の伸びが期待できる。ただしそれは，高所得者には不利で低所得者には有利であるという利害の対立関係があるために，累進税率の強化は容易なことではない。また定率減税や定額減税による所得税の減税は，課税最低限以下の低所得者には減税の恩恵

が及ばないという問題もある。消費税の減税のほうが直接的に国民の消費を増大させる効果は高い。

　減税や公共投資による投資や消費の拡大政策は，従来型の経済構造・産業構造の維持にとどまり，技術革新やそれに主導された新規産業の創出に必ずしもつながらない場合がありがちである。そのために財政政策による景気対策は，財政赤字を累積させるわりには経済の下支え・上向け効果は必ずしも高くはないという問題がつねに提起され，景気が回復基調に向かうとすぐに財政支出の縮小，増税による財政再建が課題とされる。そしてそれが実行されると景気は再び悪化しがちである。

　財政政策や金融政策は，適切に活用されれば景気変動の波を小さくし，不況からの脱出にも一定の役割を果たしうるとはいえ，資本主義のダイナミズムを完全にコントロールすることはできない。それに資本主義は階級社会・利害対立社会であり，どの階級・階層をも満足させる政策はそもそも不可能である。

　また，近年は財政による需要拡大政策よりも，規制緩和等による民間活力活性化政策が重視される傾向にあるが，好況期に行えば総体としての生産性の向上と競争力の強化につながると一般的にはいえるだろうが，ただしどのような政策を行うかによって恩恵を受ける階級・階層や産業と不利益をこうむる層との格差が生じることは避けられない。まして不況期に行えば縮小してゆくパイをめぐって競争が激化し，少数の勝者と多数の敗者に分裂して，その産業や分野における生産性は向上してもリストラや失業の増加，非正規雇用への置き換えなどによって，総体としての需要はかえって低下して不況を深刻化させる可能性が大きい。

　また景気が回復期にはいっても，それがスムーズに好況期に移行するのではなく，景気の「踊り場」ということがよくいわれるが，それは好況期への移行のなかの中休み＝足踏みを指す。すなわち，波を打ちながら景気が回復し，好況期に移行するが，その過程にあっても小さな波があるということである。

　以上が現代資本主義における景気循環，とくに不況・恐慌への移行とそこからの脱出についての基礎理論的な考察である。なおここでの考察は，マルクスの恐慌・景気循環論をベースとして，主としてケインズの理論と政策によって肉づけしたものである。

第2節　現代日本の恐慌と景気循環——「平成大不況」とその後

　以上のことをふまえて，現代日本の恐慌と景気循環について，具体的に考察しよう。その際，本来であれば，その景気循環を成り立たせている日本経済の構造について，ある程度の検討をしておかなければならない。たとえば，1955年頃から1970年頃まで，約15年間にわたり，日本経済は平均10％もの高度経済成長を達成したが，なぜそれが実現できたのかについての内的・外的諸条件やそこでの日本経済の構造的特質等の分析をふまえなければならない。そのうえで，高度成長期においても景気循環はあったし，その循環をどのように理解するのかについての検討が必要である。

　それと同様に，1990年代初頭から今日まで，日本経済は平均経済成長率が1％に満たない長期にわたる低成長にあえいでいる。なぜこのような低成長の構造に日本経済は変化したのか，その検討をふまえなければならないのであるが，しかし日本経済の構造分析は本章の課題を超える。それゆえこの節では，1990年代初頭から2005年春までの「平成大不況」と，その後現在までの景気循環の一般性と特殊性を分析する。その際，構造についての言及は最小限にとどめることにする。

　「平成大不況」は約15年にも及んだが，そのなかでも景気循環の波はある。そして波とともに日本経済の構造もまた変化してゆくのである。まず「平成大不況」を三つの局面に分けて考察する。それは循環を基礎としながらも，構造変化を含んだ局面区分である。

1　「平成大不況」第1局面（1990年代初頭～1997年春）

　日本ではとくに金融に対する規制の緩和・撤廃が進行した1980年代後半に，株式の時価発行や株価の継続的な上昇を利用した転換社債やワラント債等の発行によって，きわめて低金利での資金調達が可能となった。また，好景気にもかかわらず低金利政策が継続し，日銀はマネーストックの大量供給を続けた。こうした信用膨張は好況を水ぶくれ的に膨らませ，しかも信用を利用した投機も活発化させた。しかし，株式や土地への投機がバブル化し，そしてその崩壊

が「平成大不況」をもたらしたといえるのかどうかについては，もう少し慎重な検討が必要である。以下，統計や時期区分等に関して，暦年と年度を必要に応じて使い分けているので，注意していただきたい。

この間の景気循環を整理しておこう。まず実体経済は89年まで好景気が続き，90年が繁栄期，そして91年から景気は後退局面にはいったが，まだ深刻な不況といえる状況ではなかった。91年は景気のペースダウン期である。実体経済における不況が深刻化したのは92年であった。この間の経済成長率の推移を確認しておくと，89年5.4％，90年5.6％，91年3.3％，92年0.8％である。

バブルの崩壊は，株式バブルは89年末に日経平均で3万8915円というピークに達したあと，90年初頭にはじけ，年末に向けて株価は大きく下落した（90年末値2万3848円）。1年で約1万5000円下落したことになる。ただし91年はほぼ横ばいで推移した（91年末値2万2983円）。しかし92年にはいると再び急落を開始し，92年8月には日経平均が1万5000円を割り込んだ。他方，地価は，株価よりも2年近く遅れ，91年後半ないし92年から全国的に崩壊が始まった。

以上が「平成大不況」にいたるごく大雑把なプロセスである。その後の経過を含めて整理しておこう。

第1に，実体経済に関しては，経常利益や売上高経常利益率は89年度をピークとして90年度から低下し始めた。設備投資も91年から横ばいとなり，92年には大幅に落ち込んだ。このプロセスは前節で述べた利潤率のピーク＝好況期⇒利潤率の頭打ち・下落，投資の伸びと好景気の持続＝繁栄期⇒利潤率のさらなる低下と投資の停滞・低下＝経済のペースダウン期⇒不況への突入，という景気循環の典型的な形態をとって「平成大不況」に突入したことを示している。

第2に，「平成大不況」への突入は，バブル崩壊⇒金融機関の経営悪化・信用危機⇒貸し渋り⇒実体経済の悪化，という経路を実際には歩んでいないことである。金融機関の貸し渋りは，銀行経営の悪化によってというよりも，1989年5月以降の政策金利の連続的引き上げ等の金融引き締め政策への転換のもとで，とりわけ銀行貸出の総量規制（1990年4月開始）の対象となったいわゆるバブル3業種（不動産，建設，ノンバンク）に限って一時的に生じたのである。

第3に，実体経済の危機と信用危機との関係であるが，まず株式バブルの崩壊と土地バブルの崩壊とは時期的にも1年半から2年程度のタイムラグがある。

バブル崩壊が金融機関の経営危機を招いたことは事実であるが，全体として金融危機が予測されるほど深刻化したのは92年夏であり，実体経済の悪化はそれ以前に始まっていた。信用危機が実体経済の悪化をもたらしたとはいえないし，逆に実体経済の危機が信用危機をまねいたともいえない。それぞれは相対的に別個の理由によって危機にいたったこと，そしてこの両者の危機がいずれも92年の夏に重なって深刻化したのである。

　この両者の関係について，もう少し立ち入った検討をしておこう。まずこの時点において，全体としての金融システムが危機に陥ったとまでいえるほどのものであったのかである。地価の下落と景気の悪化によって不動産・建設業の倒産が相次ぎ，また株価の低落によって全体としての銀行経営が悪化したことは確かであり，なかには破綻にいたる金融機関も続出するようになったが，それでもそれは乱脈経営に走った体力のない信用金庫や信用組合，一部の地方銀行等の中小機関にとどまっており，預金保険機構の活用による処理や健全金融機関への吸収合併という処理で十分可能な範囲に収まっていた。都市銀行などの大手金融機関にはまだ十分な体力があり，そのために大手金融機関の破綻はおろか，貸し渋りも総量規制の対象となったバブル3業種を除いては生じていない。本格的な金融・信用危機は「平成大不況」第2局面にまで先送りされたのである。

　そうした状況を反映して打ち出された対策は，不良債権の漸進的処理と株価維持対策等の金融危機の先送りと実体経済へのてこ入れ，政策金利の引き下げ等の金融緩和政策，そしてとりわけ大規模な公共投資を中心とする相次ぐ景気対策であった。

　第4に，「平成大不況」第1局面における回復は，なによりも大規模な公共投資の連続的な実施によってもたらされたのであるが，そうした下支えとともに，ようやく95年にハイテク不況から脱出した情報通信産業の新展開（インターネット元年，ケータイ元年）がリードするようになったことが大きい。それがシュンペーターのいうイノベーションの役割を果たしたといえるだろう。

2　「平成大不況」第2局面（1997年春～2000年末）

　超金融緩和と低金利政策，そして公共投資を中心とする大規模な財政政策，

そして長期にわたるハイテク不況からの脱出によって「平成大不況」第1局面をなんとか乗り切ったのであるが、97年春から「平成大不況」第2局面にはいり込んでしまった。

それではなぜ「平成大不況」は第1局面における回復によって終了せず、第2局面を迎えることになったのであろうか。

景気に直接影響を与えたのは、景気は自律的な回復軌道に乗ったという判断に立って、財政再建への政策転換がはかられたためである。その指標としてまず注目されるのは、第1に、GDPの60％近くを占める民間最終消費支出が96年度2.4％のプラスから97年度マイナス1.0％に大きく落ち込んだことである。財政再建という名のもとに97年度に消費税の3％から5％への増税や特別減税の廃止、医療保険自己負担比率の1割から2割への引き上げなどが実施されて国民負担が9兆円増加したが、それは民間最終消費支出の3.2％に相当する。97年度に3.2％もの消費支出の減少を引き起こすような政策がとられれば景気が悪化するのは当然であり、「平成大不況」第2局面への移行は消費不況として始まったのである。

第2に、財政再建は政府最終消費支出や公的固定資本形成の縮減としても景気に影響を与えたことである。政府最終消費支出は94年度3.5％、95年度4.3％と大きく伸びた後、96年度は2.2％、97年度は0.6％に抑えられた。また公的固定資本形成（公共投資にほぼ相当）も、95年度6.7％増から96年度マイナス2.3％、97年度マイナス7.1％と一転して縮小した。第1局面における大規模な公共投資の継続によるゼネコン救済政策自体が問題の先送りであり、ゼネコンを構造不況産業として適正な規模にまで縮小させなければならなかったのであるが、そうした対策をとらないまま急速に公共投資を縮小すれば小さくなったパイをめぐって過当競争となり、弱い企業からつぶれていくのは必然であった。

第3に、民間住宅投資は91年度以降落ち込み・横ばいが続いていたが、96年度は13.3％と久しぶりに高い伸びを示した。しかし公共投資の縮小と景気悪化の影響を受けて97年度はマイナス18.9％、98年度もマイナス10.6％と大きく落ち込み、99年度はわずかに3.5％、2000年度はマイナス0.1％にとどまっている。地価の下落が続き、住宅ローン金利が大幅に低下しているにもかかわらず、住宅という大きな買い物をするには将来不安が大きすぎるということであろう。

そのこともまた建設業や不動産業の経営悪化や倒産の増大に拍車をかけた。

　そして第4に，実体経済の再度の悪化とともに，株価と地価の下落によりとりわけ金融機関の経営が急激に悪化したことである。97年11月には三洋証券，北海道拓殖銀行と山一證券が相次いで破綻し，金融危機の深刻さを白日のもとにさらした。金融機関の破綻を可能なかぎり事前に防止し，資本充実をはかるために98年2月金融機能安定化法が成立し，そして翌3月に大手21行に公的資金を注入したが貸し渋りはおさまらず，また，資本注入を受けた日本長期信用銀行が98年10月に，日本債券信用銀行が12月に破綻するなど，金融危機の第2波が起きてしまった。

　「平成大不況」第2局面にいたって，引き延ばされていた実体経済の危機と金融システムの危機・信用危機との複合的危機が生じた。それは実体経済の悪化が引き金となり，不良債権を抱えながらもなんとか持ちこたえてきた大手金融機関が，不良債権のいっそうの増大によって相次いで破綻したのである。

　次に「平成大不況」第2局面における回復過程についてみておこう。経済成長率は97年1.6％のあと，98年はマイナス2.0％という戦後最悪の落ち込みとなった。政府の景気基準日付では1999年1月が谷であり，そこから2000年11月までが景気拡張期間となっているが，1999年の経済成長率はマイナス0.2％であった。すなわち98年末まで深刻な不況が続いた後も停滞が続き，景気回復そして好況といえるのは2000年になってからであり，2000年には2.3％という比較的高い経済成長率を示した。

　一方，民間企業においては，利益率の回復が99年初頭からであるのに対して9ヵ月遅れで設備投資の回復がみられた。2000年には設備投資は6.5％という高い伸びを示した。それでも設備投資名目GDP比率は2000年でも14.2％であり，「平成大不況」直前のピークである1991年の20.1％にははるかに及ばない。

　第2局面における回復をもたらした要因は，第1に，金融システム安定化のための制度整備と大量の公的資金の投入によって金融危機をさしあたって乗り切ったことである。

　第2に，財政再建を凍結し，大規模な公共投資や減税など，なりふりかまわず財政が大量に投入され，景気の下支えとしての役割を果たしたことである。その規模は第1局面における不況対策をはるかに上回り，しかも短期間に集中

的に行われた。ただしその景気対策は，第1局面では公共投資がその多くを占めたのに対して，この期の景気対策は，公共投資はなお多額にのぼっているが，もう一つの柱は減税であり，法人税の引き下げ，所得税の最高税率の引き下げなど，大企業や高額所得者に有利な減税と，それに定率減税を組み合わせて行われた。「平成大不況」第3局面は公共投資よりも歳出削減と民営化，規制緩和と民間活力重視という「小さな政府」路線に完全に軸足が移るが，第2局面はその過渡期である。

　第3に，日本的労使関係の維持のためにためらっていた大規模なリストラがこの期に本格的に開始され，雇用の過剰と設備の過剰の強制的な解消によって個別資本の利益率が改善されたことである。ただし，それは雇用の流動化と失業率の急上昇，大量の倒産等をもたらし，また，消費需要の停滞・低下を招いた。2000年は失業率4.7％，有効求人倍率0.59と雇用の悪化が続き，企業倒産件数も2万件近くで高止まりし，しかも負債総額は24兆円で過去最高を記録している（『帝国データバンク』調べ）。2000年はきわめて二極分解的な景気回復・好況であったことが特徴である。

　第4に，IT革命の進展が99年から2000年にかけての景気回復に一定の影響を与えたことである。IT革命はイノベーションとしての役割を果たしたといえる。

　こうしたことから，実体経済は99年第4四半期からようやく回復し，また大きく落ち込んだ株価は，2000年春には日経平均が再び2万円台にまで回復した。しかし，ITバブルの崩壊もあって，年末には1万3785円まで下がった。また地価の下落はなお続いた。

3　「平成大不況」第3局面（2001年～2005年春）

　日本経済はそのまま順調に回復したのではなく，2000年末から再び不況にはいった。第2局面における回復が政府による強力な景気てこ入れとアメリカのITバブル好景気に支えられたものであり，財政再建への政策転換とITバブルの崩壊が平成大不況第3局面への移行をもたらした。

　さらに第2局面において個別資本における「三つの過剰」すなわち雇用の過剰，設備の過剰，債務の過剰（＝不良債権）の強行的処理が進められたが，第

3局面においてさらに徹底した不良債権処理が強行されたことが景気回復の失速を加速させたことである。

2001年4月の経済対策閣僚会議で期限を区切った「不良債権の抜本的なオフバランス化」の方針が打ち出された。不良債権の処理を直接償却（オフバランス化）するということは，まだ生きて活動している企業に対していったんは清算を迫ることであるから，その処理の強行は企業の倒産やリストラ等によって不況を深刻化させ，そのことが設備と雇用のいっそうの過剰をもたらした。完全失業率は98年に4.1％に達したあと，2001年には5％に高まり，2002年には5.4％に達した。完全失業者数も99年に300万人に乗せたがさらに増大し，2002年には359万人に達した。しかも失業はしていないまでも，勤労している貧困者層（ワーキングプア）がとりわけこの第3局面に急増した。

また，金融機関に対する査定の厳格化は，民間金融機関の貸し渋りをいっそう強め，国債等の安全資産へ逃避させた。また第2局面では民間の貸出の減少を公的金融機関による融資の拡大によって補完することで少しは緩和されていたが，第3局面においては公的金融機関による融資も抑制され，公的金融機関の整理・統合・縮小，さらには民営化さえ議論され，準備が進められた。他方では，ゼロ金利政策からさらに進んで，銀行への当座預金を積み増すという異例かつ異常な「量的緩和」政策にまで踏み込んで超金融緩和政策が続けられたが，不良債権早期処理の方針に規制されて，貸し渋りは収まらなかった。しかも政府は2004年度中に主要行（＝都市銀行＋信託銀行）の不良債権比率（当時8.4％）を半減させることを掲げた「金融再生プログラム」を公表した（2002年10月30日）。銀行株を中心に株価は暴落し，2003年4月28日には日経平均株価は7607円というバブル崩壊後の最安値を記録した。りそな銀行が公的管理に移り，足利銀行が債務超過と認定されて実質的に破綻するなどのなかで，大手銀行は自己資本比率の維持・向上と不良債権処理を急がされたのである。

なりふりかまわぬ不良債権処理によって，2005年3月末までに不良債権比率を半減させる（8.4％から4.2％へ）という政府目標は達成された。大手行の不良債権比率は2.9％にまで低下し，超過達成されたことになる。

「平成大不況」第3局面における景気回復過程について，政府は2002年12月から2003年8月までを第1の踊り場，2004年12月から2005年7月までを第2の踊

り場としている。長期不況期を脱した後の停滞期と好況期とがない交ぜになって波を打ちながらの景気拡張の進行であって，一路好景気への移行ということでは決してなかった。

一方では「三つの過剰」の強行的処理によって倒産や失業，不安定雇用の拡大をもたらすとともに，他方では企業の利潤率の回復がはかられ，設備投資も増大するという両面が同時並行して進行したことが第3局面における景気回復過程の特徴である。

「三つの過剰」の強行的処理の過程で，不良債権を抱えたり，競争力の弱い企業は淘汰され，強い企業だけが生き残るという選別が強権的に進められた。その結果，1999年から2004年の5年間に事業所数は620万から572万へと約50万事業所，7.7％も減少した（総務省『事業所・企業統計調査』による）。

他方，売上高経常利益率は2004年度に3.1％と「平成大不況」直前のピークである3.0％（1989年度）を上回った。さらに2005年度は3.4％，2006年度は3.5％と大きく伸びている。この年が利益率のピークである。

資本金規模では10億円以上の大企業の回復が著しく，2006年度には5.5％という1970年代以降では最も高い利益率を実現した。一方，資本金1000万円以下の零細企業の経営状況は厳しく，2002年度のマイナスを脱した後も，1％以下という超低空飛行が続き，大企業との二極分解が著しい。

2004年度に不良債権処理は超過達成されたが，企業における雇用の過剰や設備の過剰もほぼ解消された。むしろ設備や雇用の不足感さえ現れるのが2005年頃からである。

以上のことから，「平成大不況」から脱却した画期は，「三つの過剰」が解消され，利益率が回復した2005年春ということができる。なお，日銀は2006年7月にようやくゼロ金利の解除に踏み出した。金利機能が本格的に回復したわけではないが，これも「平成大不況」から脱出したことを確認させる指標の一つである。

ここに約15年続いた「平成大不況」はひとまず終焉し，日本資本主義は新たな段階にはいった。とはいえ，そこに新たに登場した社会は，あくまでも企業中心社会，とりわけ大企業中心社会である。そしてまたきわめて寡占的な競争社会である。資本優位の資本主義体制が新たに形成されたことは，たとえば労

働分配率（＝ $\frac{v}{v+m}$ の近似値）が1998年度の74.3％から2005年度に70.8％，さらに06年度には70.5％にまで低下したことにも現れている（『法人企業統計調査』による）。

4 「平成大不況」終焉後の新たな景気循環と恐慌＝第二次「平成大不況」

経済成長率の推移をみると，2003年度2.3％，2004年度1.5％，そして「平成大不況」終焉後の2005年度1.9％，2006年度1.8％と，日本経済は弱々しい成長を続けたが，民間最終消費支出は2003年度0.8％，2004年度0.8％，2005年度1.9％，2006年度0.8％と，きわめて低い伸びにとどまった。それを補っているのが輸出であり，財・サービスの輸出は2003年度10.1％，2004年度11.1％，2005年度8.5％，2006年度8.7％，そして2007年度は9.4％と大幅な増加が続いた。『経済財政白書』2008年版が，今回の景気拡張期の特徴として，2002年第１四半期（１～３月期）に比べて，2007年には輸出は実質ベースで1.81倍になったのに対して内需は1.08倍しか増加していないことを指摘しているように，まさに輸出主導の景気回復であった。

輸出依存の産業・企業は売上高や利潤率の回復・上昇を実現したが，内需型産業は長期低迷から脱しえないという二極分解が進んだ。

また，とりわけ2000年代にはいって，国内投資よりも海外投資が急速に増大した。これを製造業の海外生産比率でみると，2000年度13.4％から2005年度16.7％に，そして2007年度は19.1％にまで増加した。さらに，投資収益の黒字がこの間に急増し，2005年からは貿易黒字を一貫して上回るようになった。日本は輸出大国である以上に，海外現地生産，投資立国としての性格を一段と強めたのである。

利潤率の回復は投資を再び活発化させた。民間設備投資は2003年度5.1％，2004年度4.5％，2005年度4.4％，2006年度5.9％と，順調に伸びた。

雇用については，正規雇用は一貫して減少し，非正規雇用の増大が続き，1995年には20.9％であった非正規雇用者比率は2000年には26％に，さらに2006年には33％に達した。雇用の不足感の強まりにもかかわらず，資本は雇用の拡大には慎重であり，非正規雇用でカバーする傾向が急速に強まった。

景気回復といっても，公共投資のマイナスが続き，個人消費の伸びが弱く，

住宅投資もほとんど横ばいであるなど内需が弱く，設備投資が伸びているのも主として輸出に牽引されている。しかし，輸出依存の景気回復は，輸出環境が激変すればたちまち日本経済が打撃を受けるという脆弱な構造でもある。

2007年にはいってアメリカでは住宅バブルが崩壊するとともにサブプライムローン問題が表面化し，金融機関の経営危機と貸し渋りが実体経済にも影響を与え始めた。

政府は2007年10月から景気後退期にはいったと発表した。後に景気の山を2008年2月に改訂したが，2007年度は景気のペースダウン期，2008年度から本格的な不況期にはいったとするほうが実態に近いと判断される。2007年度は，経済成長率は1.8%であるが，民間消費の伸びはわずかに0.8%，設備投資の伸び悩み（3.0%），住宅投資の激しい落ち込み（－14.5%）など，内需の停滞が著しい。それに対して輸出が9.4%も伸びた。アメリカへの輸出の落ち込みを補って余りあるアジアとりわけ中国への輸出が急増したためである。1.8%成長の寄与度をみると，純輸出（＝輸出－輸入）が1.2%を占め，内需（0.6%）の2倍に達している。2007年度は輸出によってかろうじて1.8%の成長を実現したのである。なお企業の利益率もこの年から低下し始めたことも，2007年度をペースダウン期とする理由である。

2008年にはいると，アメリカではサブプライム問題による金融機関とりわけ大手証券会社（投資銀行）や保険会社，消費者ローン会社等の経営危機が深刻化するとともに，サブプライム問題はヨーロッパの金融機関にまで飛び火した。アメリカ経済の悪化と円高ドル安さらにユーロ安の急速な進行，金融市場から逃げ出した余剰資金が商品市場に流れ込むことによる急激な石油，資源，食料品価格の高騰などによって，日本経済は本格的な不況にはいった。そして日本経済の不況に追い討ちをかけたのが2008年9月の大手投資銀行リーマン・ブラザーズの破綻（リーマン・ショック）であった。

リーマン・ショック以降，内需の落ち込みに加えて輸出が急減して実体経済が急速に悪化し，戦後日本経済が経験したことのない世界同時大不況の激しい衝撃に見舞われた。2008年第4四半期の成長率はマイナス12.2%（年率），09年第1四半期もマイナス15.0%という，アメリカやEU諸国と比べても激しい落ち込みを示し，2008年度はマイナス3.7%という戦後最大の落ち込みとなっ

た。日本経済はその脆弱性を白日のもとにさらすことになったのである。

　政府の景気基準は，2009年3月が谷であり，そこから景気拡張過程にはいったとしているが，それは定額給付金の給付，家電エコポイント制度やエコカー補助金をはじめとした必死の経済刺激政策の効果であって，決して自律的な回復とはいえない。しかも2009年度はマイナス2.0％と，2年連続の大幅なマイナス成長となった。実際，エコカー補助金が終了した2010年秋から景気は踊り場を迎えた。2010年度は3.3％と比較的高い伸びを示したものの，リーマン・ショック以前の水準に回復することもできないままに，2011年3月11日の東日本大震災と福島第一原発事故という未曾有の大災害に見舞われることになったのである。

　大震災と原発事故が日本経済に与えた打撃と，それ以降の復興需要による景気の回復過程等については，通常の景気循環の枠を超えるので，分析はここまでにとどめることにするが，現代の景気循環の理論は1990年代以降の日本経済の分析に対してどのように応用できるかを主として検討した。

5　恐慌と景気循環からみた課題と展望

　これまでの検討をふまえたうえで，現代資本主義と日本経済が直面している課題にかかわって，最後に2点だけ指摘しておきたい。

　第1に，現在進行中の新たな景気循環と恐慌は，まさにグローバルな規模で展開されている。とりわけ近年は，世界経済の動向が日本の景気循環に大きな影響を与えるとともに，日本企業が利潤の源泉を国内よりもグローバル市場に求める傾向が顕著に強まっており，ミクロの経済主体の利害とマクロとしての日本経済の利害の不一致・ズレが著しくなっていることである。その実証的分析と同時に，理論についても一国的な視点に立った景気循環論では限界があり，グローバルな視点に立った理論へのいっそうの進化が求められているのである。

　第2に，日本にかぎらず，アメリカもヨーロッパ先進諸国も含めて，金融政策は，ゼロ金利などの異例・異常な金融緩和を行っても実体経済を支える効果はほとんどなくなっている。逆に信用膨張と過剰マネーは投機とバブル，そしてその崩壊を繰り返し，実体経済を振り回すにいたっている。

　しかも金融システム安定化という名のもとに危機に陥った大手金融機関に対

して莫大な公的資金（＝税金）を投入して救済したり破綻処理する一方では，総体としての金融資本は巨額の利益をあげていることは**第13章**でみたとおりである。

　他方また財政政策は，財政危機の進行によって財政出動は大きく制約されているばかりか，大量の国債発行とその累積は，国債の信用低下を現実のものとしている（南欧のユーロ圏諸国など）。実体経済が悪化しているにもかかわらず，財政による景気刺激どころか，財政再建を優先せざるをえなくなっているのが，先進資本主義諸国に共通した現状である。

　新自由主義路線の破綻は明白なものとなったが，「苦しいときのケインズ主義頼み」もまた，もはやその限界に達しているのである。

あとがき

　本書は読みやすいこと，わかりやすいことを最優先したために，『資本論』等からの引用は一切していない。また注もつけず，図や数値例を活用して説明するようにした。

　例示は『資本論』では当時のイギリスであるが，現代の日本を中心とした。

　『資本論』の内容にはいる前に，社会発展における労働の意義と役割を明らかにするとともに，必要な諸概念の説明をした。そのうえで『資本論』全Ⅲ部のほぼ全体を説明した。そして『資本論』にはない「サービス産業とサービス資本」を付け加えた。また「恐慌と景気循環」に1章を使った。

　以上は形式的な特徴であるが，「はじめに」でも述べたように，本書は『資本論』のポイントはできるだけわかりやすく説明しながらもその解説書ではなく，現代資本主義の基礎理論として『資本論』を現代化することを目的としたために，内容的にも『資本論』とはかなりの相違がある。

　それではどのような点が『資本論』と異なっているのか，簡潔に指摘しておきたい。

　（1）『資本論』では金本位制を前提としているが，現代は管理通貨制でかつ変動相場制であり，われわれが通常イメージする貨幣は日本銀行券という不換紙幣である。貨幣論をそのことをふまえて現代化した。

　（2）資本主義的生産様式について，機械制大工業を軽工業段階と重化学工業段階とに二分して検討した。またオープンネットワーク型生産様式を，機械制大工業を超えた生産様式として想定し，付け加えた。そうすると『資本論』は，資本主義が軽工業段階あるいは軽工業段階から重化学工業段階への移行の初期にある時期に書かれたものということになる。

　（3）労働力の価値およびその現象形態である賃金の歴史的変化と現段階を理論的に検討した。それもまた労働価値論の現代化の試みのひとつである。

　（4）商業資本・商業労働について，『資本論』の解説書の多くとは異なり，生産過程で形成された商品に価値を付け加える資本・労働活動であるとして説

明した。

（5）サービス商品について、物質的財貨である商品との相違をふまえながらも共通性を意識した把握をし、サービス業とサービス資本を理論的・現状分析的に検討した。

（6）『資本論』の「利子生み資本」論を「信用制度と金融資本」として分析対象の幅を広げるとともに、現代における信用制度と金融資本の到達点と問題点について記述した。なお、金融資本という概念については多くの議論があるが、本書では金融にかかわる業務を担う資本という意味で使用している。

（7）地代論については、第1章第3節3「封建制」で、封建制の展開を封建地代の3形態として説明するとともに、第13章「信用制度と金融資本」で架空資本（擬制資本）の一形態としての地価と地代の説明にとどめた。

（8）「恐慌と景気循環」について、現代の国家介入による景気調整をふまえた基礎理論として記述するとともに、「平成大不況」以降今日までの日本経済をその応用例として検討した。

そのほかにもいろいろな相違点や特徴があるが、とりわけ、従来の『資本論』の解説書やマルクス経済学のテキストとの相違が著しいのは、主として第5章、第6章、第11章、第12章である。それらについての従来の論争や筆者の見解の詳細は、拙著『情報資本主義論』（大月書店）の当該箇所を参照していただきたい。

また、第13章、第14章の現代史的・現状分析的な記述の詳細は、拙著『改訂新版 岐路に立つ日本経済』（大月書店）を参照していただきたい。

現代資本主義の基礎理論として『資本論』の現代化をはかる、しかもそれをわかりやすくコンパクトに記述するという課題は、取り組んでみると予期した以上に悩ましい問題にぶつかった。まず記述の範囲と章立てをどうするかという問題である。結局『資本論』の範囲を大きくは超えないようにしたために、現代資本主義の基礎理論として本来であれば取り上げなければならない多くの論点を省略せざるをえなかった。

また、基礎理論としてどこまで書くかということも悩ましい問題であった。章によっては例示を超えて、かなり踏み込んだ歴史的・現状分析的な記述を行った。また『資本論』をふまえながらも相当に現代化した章もあれば、部分

的な現代化にとどめた章もある。

　ともあれ本書は，私なりの『資本論』の現代化の試みの一応の到達点である。それがどの程度成功しているかについては読者の判断にゆだねるしかないが，今回の増補・改訂によって，筆者としてはかなりのバージョンアップができたと自負している。

　私自身は『資本論』のいわゆる原論的研究者ではない。だからこそ『資本論』やそれにかかわる専門的研究者の論争や研究の集積にとらわれないで，自由な発想で書くことができたと思う反面，専門研究者からは随分乱暴な議論だという批判や反発も当然あると思われる。一度だけ『資本論』からの引用を許してもらうと，「科学的批判にもとづくいっさいの意見を歓迎する」（第Ⅰ部「序言」）というのが率直な心境である。本書が現代資本主義の基礎理論の構築や発展のためのなんらかの刺激となれば，それに過ぎる喜びはない。

　最後に，本書は桜井書店の桜井香氏との雑談のなかから生まれたものである。怠惰になりがちな私の背中を押し続け，また改訂新版にあたっても，多くの無理を受け入れていただいた桜井氏に厚く感謝を申し上げたい。

索　引

CP(コマーシャル・ペーパー)　179
Economics　5, 39
FA(ファクトリー・オートメーション)　90
FMS(フレキシブル・マニュファクチャリング・システム)　91
IMF・GATT体制　184　→ブレトンウッズ体制
M&A　105
NC(数値制御)工作機械　90
ME(マイクロ・エレクトロニクス)　90
NGO(非政府組織)　116
NPO(非営利共同組織)　172
Political Economy　5, 39

1929年世界大恐慌　183, 193
2008年世界同時大不況　206

あ行

『アメリカ経済の構造』(W.レオンチェフ)　142

一覧払い　177
イノベーション　154, 194
インフレーション　46, 193
　　ハイパー――　47

請負労働者　114
宇宙防衛構想　90
運輸(輸送)業　160

円　45, 46, 47, 52
円高　192, 206
エンクロージャー運動(第一次・第二次囲い込み)　109
エンゲルス, フリードリヒ　3

オイル・ショック　89, 184-185
オイル・マネー　185
オートメーション　90
オープンネットワーク型生産様式　82, 89, 93-94, 100, 106
　　――における労働者(労働力)の構成　91-93

か行

絵画・骨董品　182
階級社会　31, 196
　　――の形成　28
階級闘争　28, 63, 83, 97, 116
外国為替市場　52
外国人労働者　113, 114
架空資本　181-182　→擬制資本
架空商品　181-182　→擬制商品
核兵器　90
貸付利子　178
過剰生産　165, 189, 191-192
家族　95
　　――の再生産　95-96
価値形態　41
　　一般的――　43
　　相対的――　41-42
　　単純な――　41-42
　　展開された――　42-43
価値法則　153
株式　180
　　――市場　180
株主　180
貨幣　33, 43, 44, 51
　　補助――　45
　　――の価値尺度機能　48
　　――の価値増殖　33, 53, 54

214

──の支払い手段機能　50
──の資本への転化　54
──の蓄蔵　49　→蓄蔵貨幣
──の流通手段機能　48-49
貨幣還流の法則　132, 138
貨幣形態　43-44
　発展した──　45, 46
貨幣資本　53, 54, 59, 117, 118
　──の循環　118
可変資本　60
過労死　64, 113
監視・管理社会　90
完全失業者　23, 113
完全失業率　113, 203
管理通貨制度　46

機械　19, 76
　──の自動化　79
　──の体系（システム）　76-79
機械制大工業　76, 80, 84
　──における労働者（労働力）の構成　80-82
基軸通貨　51-52, 184
擬制資本　181　→架空資本
擬制商品　181　→架空商品
偽装請負　114
機能資本　179, 185
協業　72
　単純──　72-73, 75
　分業にもとづく──　73　→マニュファクチュア
恐慌　49, 133, 139, 140, 165-166, 192-193
　──の可能性　49, 166, 191
共通通貨　52
ギルド（同職組合）　109
金　43, 44, 45, 51-52
金・ドル交換停止　47, 52, 89, 182　→ニクソン・ショック
金・ドル本位制　89
金貨　43-45, 46

銀貨　46
銀行　177-179
　日本の──　186-187
　──の貸し渋り　194, 198, 199
　──の信用創造　179
銀行券　177-178
金本位制（度）　45, 46, 51
金融危機　181, 187-188
金融技術革新　186
金融恐慌　194
金融資本　179, 181, 183, 185, 186
　──に対する規制　183-185
　──の規制緩和・自由化・グローバル化　185-188
　──の肥大化・投機化・暴走　186-189
　──の集積・集中　183
金融資本主義　181
金融商品　186
金融・情報資本主義　187
金融政策　192-193, 194, 196
金融ビッグバン　186-187

具体的有用労働　22, 36, 57
グラス゠スティーガル法　183, 186, 187
クレジット　50, 179
グローバリゼーション　89, 94, 113, 184, 185
軍事技術　90
軍事産業　87, 143
　──の平和産業への転換　143

景気循環　191, 193
　現代日本の──　196-207
　──の4つの局面　193
軽工業　82, 85-87
　──段階における労働者（労働力）の構成　81-82
『経済学および課税の原理』（D.リカード）　154
経済構造　25-26, 94
　現代日本の──　26

索引　215

『経済発展の理論』(J.シュンペーター)　154
『経済表』(F.ケネー)　120
ケインズ,ジョン・メイナード　5, 154
ケインズ経済学　4
ケネー,フランソワ　120
限界効用理論　39
減価償却　125, 132
　　——の定額法　125
　　——の定率法　125
研究開発投資　94
原始共同体(社会)　26-27
現実資本　179
原動機(動力機)　77

好況　191, 192
公共投資　195-196
公債　180
工場監督官制度　63
工場法(工場立法)　63, 64, 83, 87, 99
小切手　50, 177
国債　180
国際通貨　47, 51-52
　　——のバスケット　52
国際通貨体制(制度)　51-52
国際労働者協会(第二インターナショナル)　64
国内通貨　47
『国富論』(アダム・スミス)　38, 75, 154, 159
国家　45, 49, 83, 115
　　——(政府)の経済過程への介入　192, 195
　　——の成立　28
固定資本　60, 124-125, 132, 138, 146
　　——の価値移転　132, 146
　　——の更新　132-133
　　——の再生産　132
　　——の償却　132　→減価償却
　　——の投資　147
固定相場制　47, 89, 184
　　柔軟性ある——　52
古典派経済学　119

『雇用・利子および貨幣の一般理論』(J.M.ケインズ)　5, 154

さ行

債券　180, 181
財政再建　200, 202
財政政策　193, 194, 196
再生産(過程)　21, 101
　　拡大——　21, 103-105
　　資本・賃労働関係の——　102, 105
　　単純——　21, 101-102
再生産表式　128-139, 140-143
　　拡大——　133-139
　　単純——　128-131
　　——の意義と限界(限度)　140-142
作業機　76
サービス　168-170
　　経済の——化　170-171
　　公共——　174, 176
　　——の商品化　169-170, 171-172
サービス業(産業)　167-170, 172-174
　　資本主義的——　171
　　社会——　172
　　対人——　172-173
　　非資本主義的——　172
　　——の機械化・情報化　174
サービス残業　64, 112
サービス資本　170-171, 175
サブプライムローン(問題)　180, 206
産業革命　30, 76, 82, 85, 110, 111, 159
産業資本　117, 159, 165, 183
　　——の集積・集中　183
　　——の循環　118
産業資本主義　159
産業予備軍　112　→相対的過剰人口
産業連関表(投入産出表)　142-143
産業用ロボット　90

市場　34
市場価格　149-150

市場価値　149-150
市場経済　34
自動車産業　86
資本　33, 53, 118, 119
　——間の競争　65-68
　——の一般的定式　53, 54, 59, 61
　——の移動　151
　——の回転(数・時間)　123-125
　——の価値構成　107
　——の技術的構成　106-107, 158
　——の再生産　101-105
　——の自由化　184
　——の集積・集中　84-85, 105
　——の循環　117-121, 124
　——の生産時間　122
　——の蓄積　105, 106, 115
　——の本源的蓄積(原始的蓄積, 原蓄)　110-111
　——の有機的構成(の高度化)　107-108, 155
　——の流通時間　121-122
　——の流通費用　122
資本家　71-72
　——階級　31
資本主義(社会・経済)　29-31, 71
　自由競争の——　84-85, 105, 183
　独占的競争の——　84-85, 105-106, 183
　　→独占資本主義
　——の基本的特徴　31-32
　——の成立・確立過程　29-30
　——の腐朽化・寄生化　188
　——の矛盾　31-32
資本主義的生産　71
資本主義的生産様式　70, 80, 92
　——の諸段階　92-94
「資本主義の黄金時代」　88-89, 115, 184
『資本蓄積論』(ローザ・ルクセンブルグ)　141
『資本論』(カール・マルクス)　3-5, 155, 162, 210-211
社会政策　110

社会的総資本　120-121, 127
　——の拡大再生産(表式)　133-139
　——の単純再生産(表式)　128-131
　——の二部門分割　128, 142　→再生産表式
社会的平均労働(時間)　37, 82, 100
社会福祉　115-116
社債　180
重化学工業　82, 85-87
　加工組立型——　86
　素材生産型——　86
　——段階における労働者(労働力)の構成　87-88, 91-93, 99-100
自由時間　22
熟練(労働・労働者)　74, 78-79, 81, 82, 87-88
　機械——　79, 81, 99
　手工業的——　74, 81
　半——　82, 88, 99
　部分——　74-75
重商主義　49, 118, 159, 161, 164
　——的経済学　159
需要　191
　国内——(内需)　191
　消費——　191
　対外——(外需・輸出)　191
　投資——　191
シュンペーター, ジョゼフ　194
商業資本　159-160, 161-162, 163, 164, 165
商業信用　177
商業手形　177
商業利潤(率)　162, 163
証券　179-180, 181
　——会社　179-180, 181, 186
　——市場　180
証券取引委員会(SEC)　184
消費　69
　——の個性化・多様化　89
消費性向　195
消費財　120, 128
　——生産部門　128
商品　27, 33, 35-36

索引　217

　　資本主義的——　34
　　単純——　34
　　——生産の始り　29
　　——の価値　36, 41, 57
　　——の旧価値　37, 57
　　——の交換価値　36
　　——の使用価値　35, 38
　　——の新価値　37, 57　→付加価値
商品経済　31, 33, 34
　　——の発達　29
　　——の全面化　31
商品資本　59, 119
　　——の循環　119-120, 127-128
上部構造　26
情報通信技術(ICT)　89-90
情報ネットワーク(化)　90, 92-94
剰余価値　53, 58, 61, 145
　　絶対的——(の生産)　62
　　相対的——(の生産)　65-66
　　特別——　67, 85, 150
　　——による——の生産　103
　　——率(量)　62, 67-68, 125-126, 146
剰余価値法則　153
剰余労働　60
　　——時間　60, 62
『女工哀史』(細井和喜蔵)　64
『職工事情』(農商務省編)　64
所得再配分　100, 195
『人口論』(T.R.マルサス)　111
新古典派経済学　4
人材派遣業　173
新自由主義　185
人民元　47, 52
信用　193
信用貨幣(通貨)　46, 47, 50
信用恐慌　50
信用取引　50

スタグフレーション　89, 185
スミス, アダム　38-39, 75, 119, 154, 159

スミソニアン協定　52

生活協同組合　172
生活保護世帯(受給者)　114
生活様式　70
生産　17
　　——と消費の矛盾　69-70
生産価格　152, 153
生産過程　21, 119
　　——における情報(化)　77-78, 90-91
　　——の科学的管理　88
生産関係　24-25
生産財　120, 128
　　——生産部門　128
生産時間　121
生産資本　59, 117, 118, 119
　　——の循環　119
生産手段　20, 24-25, 36
　　余剰——　134, 135-136
　　——の開発・実用化　24
　　——の所有関係　24-25
生産様式　25, 70
　　狭義の——　70
　　広義の——　70
生産力　23, 70
世界貨幣　51-52
絶対主義　30

相対的過剰人口　111-116
装置　20

た行

第一次産業　167
第二インターナショナル　→国際労働者協会
第二次産業　158, 167
第三次産業　158, 167, 170　→サービス業
大量生産・大量消費の時代　89
大量破壊兵器　90
兌換銀行券　45, 46
兌換紙幣　45, 46

太政官札　46
男女雇用機会均等法　84

地域通貨　52
蓄蔵貨幣　49, 178
地代　29
　　貨幣――　29
　　生産物――　29
　　封建――　29
　　労働――　29
知的所有権（知的財産権）　94
地主・小作関係　110
中央銀行　45, 47, 178
　　――券　178　→兌換銀行券
抽象的人間労働　22, 36, 57
超過利潤　150, 155
超精密誘導兵器　90
賃金　56, 97
　　最低――法（制）　97, 100
　　成果主義――　98
　　――形態　98
賃金労働（者）　31, 33　→労働（者）

通貨危機　182
通貨投機　182
通貨当局　45

手形　50, 177
　　――割引　177
電子マネー　179
伝導機構　77

等価形態　42
等価物　43
　　一般的――　43, 44
道具　17, 18-19, 76
投資銀行（インベストメント・バンク）　180,
　　186
独占価格　154
独占資本主義　85, 105-106, 153-154, 183

独立自営手工業者　109-110
独立自営農民　29, 109-110
年越し派遣村　116
土地　26
　　――所有者　31
　　――の私有化　27
トランスファーマシン　79-80
ドル　47, 51-52, 184
　　――価値の下落（低下）　47, 185
　　――危機　184
　　――流出　185
ドル安　185, 190
奴隷　28
　　債務――　28
　　――の反乱　28
奴隷制（社会）　28

な行

ニクソン・ショック　89, 182　→金・ドル交換
　　停止
ニート　114
日本経済　25, 197
　　現代の――　25, 197-208
　　――のGDP　200, 201
　　――の高度成長期　112
　　――のサービス化（第三次産業化）　158
　　――の「三つの過剰」　202-204
　　――の脆弱性　206
　　――の輸出依存（性）　190, 205-206
日本銀行　46
　　――券　46
『日本の下層社会』（横山源之助）　64
日本標準産業分類　167-170

農業　27
　　移動――　27
　　定着――　27
　　焼畑――　27
農民層の分解　109
ノンバンク　181

は行

薄利多売　191
派遣労働(者)　113-114
発達を保障させる権利　115
バブル(経済とその破綻)　197-199
　　IT——　202
　　株式——　197-198
　　土地——　197-198
　　——3業種　198

非正規雇用　84, 113　→不完全就業者
　　——の増大　205
必要労働　60
　　——時間　60-61, 62
日雇い派遣　114
費用価格(コスト)　145-146
貧困(化)　115
　　——ビジネス　115

ファブレス企業　94, 118
付加価値　37, 57
不換銀行券　46
不完全就業者　113-114
不況　192
双子の赤字　185
不変資本　60
　　——の節約　148-149
プラザ合意　185
ブラック・マンデー　186
ブルジョア革命　30
ブレトンウッズ体制(IMF・GATT体制)　47, 184
分業　24, 73-74
　　作業場内——　73-74
　　社会的——　74
　　——の生産力　74

「平成大不況」　197-208
ベトナム戦争　184

ベンチャーキャピタルの時代　94
変動相場制　47, 52, 182, 184, 192

貿易(の)自由化　89, 184
封建制(社会)　28-29
保管　123
牧畜業　27
細井和喜蔵　64
ポンド　51, 52
　　——体制　51

ま行

マニュファクチュア　73-75
　　異種的——　75
　　有機的——　75
マネーストック(マネーサプライ)　194
マルクス,カール　3-5, 112, 142, 155
マルサス,トーマス・ロバート　111

民間活力活性化政策　196

無産者　109, 110
「無人工場」　91

メーデー　64

モア,トマス　109

や行

有機的構成　→資本の有機的構成
『ユートピア』(トマス・モア)　109
ユーロ　47, 52
ユーロ・ダラー　185

容器　19
預金利子　178
横山源之助　64

ら行

リカード,デーヴィッド　111, 154

利潤　30, 33-34, 145
　　超過——　150　→特別剰余価値
利潤率　146-149
　　平均——　151-152, 153
　　——の低下　189
利潤率均等化（法則）　151, 154
利潤率傾向的低下（法則）　154-158
　　——ケインズの見解　154
　　——シュンペーターの見解　154
　　——スミスの見解　154
　　——マルクスの見解　155
　　——リカードの見解　154
リーマン・ブラザーズの破綻（リーマン・ショック）　181, 206
流通過程　118, 119
流通産業　122-123, 159
流通時間　121-122
流通費用　122, 161
流動資本　60, 124, 146

ルクセンブルグ, ローザ　141
ルーブル合意　186

レオンチェフ, ワシリー　142, 143
レーガノミックス　185
レギュレーションＱ　183
連邦準備制度理事会（FRB）　183
連邦預金保険公社（FDIC）　184

労働　17, 22
　　科学——　88, 91-93
　　旧——　36-37
　　研究開発——　88, 91, 99-100
　　裁量——制　64
　　生産管理——　88
　　情報処理——　90-93
　　新——　37
　　単純——　81
　　半知識——　88
　　——の規制緩和　84

　　——の生産力　24
　　——の二重性（二面性）　22
　　——のマニュアル化　78
労働運動　82-84, 97, 110
労働価値論　39
労働過程　18
労働基準法　64, 114
労働強化　112
労働組合　83, 97
　　企業別——　84
　　産業別——　83
　　職種別——　83
労働組合法　83
労働時間　37-38, 64
　　変形——制　64
　　——の規制・短縮　64, 83, 100
　　——の延長　112
　　——をめぐる闘争　63
労働者　31　→賃金労働者
　　——階級　30, 82-83
　　——の貧困化　83, 99, 110, 115
労働者派遣法　84, 173
労働者予備軍　110
労働手段　17, 18-20, 60
　　間接的——　19
　　直接的——　19
　　——体系のプログラミング化　91
　　——と人間の発達　21
労働生産性　18, 23
労働対象　17, 20, 60
労働力　22-23, 55, 124
　　——の価値　56, 95-97, 99-100
　　——の国際的移動　113
　　——の再生産　56, 95
　　——の需要と供給　109-111
　　——の使用価値　56-57
　　——の商品化　33

わ

ワーキングプア　64, 114, 205

きたむら ひろもと
北 村 洋 基

慶應義塾大学名誉教授，経済学博士
1946年，京都市に生まれる。
京都大学経済学部卒業，
京都大学大学院経済学研究科博士課程単位取得退学，
福島大学経済学部助教授，同教授，
慶應義塾大学経済学部教授
を経て現在に至る。
専攻：現代資本主義論，日本経済論
著書：『情報資本主義論』大月書店，2003年
　　　『岐路に立つ日本経済』大月書店，2006年
　　　『現代社会経済学』桜井書店，2009年
　　　『改訂新版 岐路に立つ日本経済』大月書店，2010年
　　　ほか

改訂新版 現代社会経済学

2013年 4月 1日　初　版
2023年 6月30日　第5刷

著　者　　北村洋基
装幀者　　加藤昌子
発行者　　桜井　香
発行所　　株式会社 桜井書店
　　　　　東京都文京区本郷1丁目5-17　三洋ビル16
　　　　　〒113-0033
　　　　　電話 (03)5803-7353
　　　　　Fax (03)5803-7356
　　　　　http://www.sakurai-shoten.com/

印刷・製本　　株式会社 三陽社

Ⓒ 2013 Hiromoto KITAMURA

定価はカバー等に表示してあります。
本書の無断複写(コピー)は著作権法上
での例外を除き，禁じられています。
落丁本・乱丁本はお取り替えします。

ISBN978-4-905261-11-7　Printed in Japan

大谷禎之介著
図解 社会経済学
資本主義とはどのような社会システムか
現代社会の偽りの外観を次々と剥ぎ取っていく経済学入門
A5判・定価3000円＋税

大谷禎之介著
マルクスのアソシエーション論
未来社会は資本主義のなかに見えている
マルクス研究の泰斗がマルクスの読み方を示す
A5判・5200円＋税

長島誠一著
現代マルクス経済学

『資本論』の経済学の現代化に取り組んだ挑戦的試み
A5判・定価3700円＋税

有井行夫著
マルクスはいかに考えたか
資本の現象学
20世紀マルクス主義のマルクス理解を問う
四六判・2700円＋税

保坂直達著
資本主義とは何か
21世紀への経済地図
ケインズ派経済学者が資本主義の歴史と理論を再検証する
四六判・2400円＋税

一井 昭著
ポリティカル・エコノミー
『資本論』から現代へ
要点を簡潔にまとめた現代マルクス経済学テキスト
A5判・定価2400円＋税

山田喜志夫著
現代経済の分析視角
マルクス経済学のエッセンス
マルクス経済学の真価を現実に向かって発揮する理論と方法
A5判・3200円＋税

桜井書店
http://www.sakurai-shoten.com/

H・バーンスタイン著／渡辺雅男監訳
食と農の政治経済学
国際フードレジームと階級のダイナミクス

農業・農民の変化と多様性を読み解き，農業の現在とこれからを考察
四六判・2800円＋税

ロバート・パクストン著／瀬戸岡紘訳
ファシズムの解剖学

ファシズムとは何か？ ファシストとは誰か？ ファシズムは過去形で語れるか？
四六判・定価4500円＋税

B・テシィケ著／君塚直隆訳
近代国家体系の形成
ウェストファリアの神話

新たな近代世界史像を提示
A5判・定価5200円＋税

J・ローゼンバーグ著／渡辺雅男・渡辺景子訳
市民社会の帝国
近代世界システムの解明

近代世界システムにおける資本主義の意義を追究
A5判・定価4300円＋税

エスピン-アンデルセン著／渡辺雅男・渡辺景子訳
ポスト工業経済の社会的基礎
市場・福祉国家・家族の政治経済学

福祉国家の可能性とゆくえを世界視野で考察
A5判・定価4000円＋税

エスピン-アンデルセン著／渡辺雅男・渡辺景子訳
福祉国家の可能性
改革の戦略と理論的基礎

新たな，そして深刻な社会的亀裂・不平等をどう回避するか
A5判・定価2500円＋税

ドゥロネ＆ギャドレ著／渡辺雅男訳
サービス経済学説史
300年にわたる論争

経済の「サービス化」，「サービス社会」をどう見るか
四六判・定価2800円＋税

桜井書店
http://www.sakurai-shoten.com/

後藤康夫・森岡孝二・八木紀一郎編
いま福島で考える
震災・原発問題と社会科学の責任
社会科学＝経済学は3・11とどう向かい合うのか
四六判・2400円＋税

鶴田満彦著
グローバル資本主義と日本経済

2008年世界経済恐慌＝「100年に一度の危機」をどうみるか？
四六判・定価2400円＋税

古野高根著
20世紀末バブルはなぜ起こったか
日本経済の教訓
元金融マンが書いたバブル論
A5判・定価3500円＋税

森岡孝二編
貧困社会ニッポンの断層

日本社会の断層とそこから露呈する日本経済の深層を抉る
四六判・2700円＋税

森岡孝二編
格差社会の構造
グローバル資本主義の断層
〈格差社会〉と〈グローバル化〉をキーワードに現代経済を読み解く
四六判・定価2700円＋税

菊本義治ほか著
グローバル化経済の構図と矛盾

世界経済システムとしてのアメリカン・グローバリズムの実態
A5判・2700円＋税

菊本義治ほか著
日本経済がわかる 経済学

新しいスタイルの経済学入門テキスト
A5判・定価2800円＋税

桜井書店
http://www.sakurai-shoten.com/